As lésbicas

Dados Internacionais de Catalogação na Publicação (CIP)
(Câmara Brasileira do Livro, SP, Brasil)

Arc, Stéphanie
  As lésbicas: mitos e verdades / Stéphanie Arc; tradução Marly N.
Peres. São Paulo: GLS, 2009.

Título original: Les lesbiennes.

Bibliografia.
ISBN 978-85-86755-54-5

1. Lesbianismo 2. Lesbianismo - Estudo de casos 3. Lésbicas -
Comportamento sexual.

09-06009   CDD-306.7663

Índice para catálogo sistemático:
1. Lésbicas : Comportamento : Sociologia   306.7663

Compre em lugar de fotocopiar.
Cada real que você dá por um livro recompensa seus autores
e os convida a produzir mais sobre o tema;
incentiva seus editores a encomendar, traduzir e publicar
outras obras sobre o assunto;
e paga aos livreiros por estocar e levar até você livros
para a sua informação e o seu entretenimento.
Cada real que você dá pela fotocópia não autorizada de um livro
financia o crime
e ajuda a matar a produção intelectual de seu país.

Stéphanie Arc

As lésbicas

Mitos e verdades

Do original em língua francesa
LES LESBIENNES
Copyright © Le Cavalier Bleu
Direitos para o Brasil adquiridos por Summus Editorial

Editora executiva: **Soraia Bini Cury**
Editoras assistentes: **Andressa Bezerra e Bibiana Leme**
Tradução: **Marly N. Peres**
Imagem de capa: **"Duas mulheres", 1918 (óleo sobre tela),
de André Lhote - Musée d'Art Moderne de la Ville de Paris. Paris
(France)/Lauros/Giraudon/The Bridgeman Art Library**
Projeto gráfico e diagramação: **Crayon Editorial**

Edições GLS
Departamento editorial:
Rua Itapicuru, 613 — 7º andar
05006-000 — São Paulo — SP
Fone: (11) 3872-3322
Fax: (11) 3872-7476
http://www.edgls.com.br
e-mail: gls@edgls.com.br

Atendimento ao consumidor:
Summus Editorial
Fone: (11) 3865-9890

Vendas por atacado:
Fone: (11) 3873-8638
Fax: (11) 3873-7085
e-mail: vendas@summus.com.br

Impresso no Brasil

Agradecimentos

MEU MUITO OBRIGADA aos pesquisadores e pesquisadoras que me orientaram com suas respostas, especialmente Marie-Jo Bonnet, Philippe Brenot, Pierre-Henri Castel, Natacha Chetcuti, Brigitte Lhomond, Alain Prochiantz, Catherine Vidal e Jean-Didier Vincent. Assim como a toda a equipe dos Arquivos Lésbicos (ARCL), da Associação SOS Homofobia e da Biblioteca Marguerite-Durand por seu precioso trabalho.

Obrigada a Gonzague de Larocque.

Todo meu carinho a meus amigos e minhas amigas, à equipe do Jornal do CNRS e a minha família, com cujo apoio e confiança sempre pude contar.

Last but non least, obrigada a Charline...

Sumário

Prólogo | **9**

Prefácio | **11**

1 • Retrato das lésbicas | **15**
"Elas são facilmente reconhecíveis" | **15**
"Entre mulheres,
não se trata exatamente de sexo" | **22**
"São meninos frustrados" | **28**
"As lésbicas atiçam a fantasia masculina" | **36**
"Elas reivindicam sua homossexualidade" | **44**

2 • Origens da homossexualidade | **51**
"É de nascença" | **51**
"Elas deveriam se tratar" | **57**
"É uma escolha feminista" | **64**
"Elas não encontraram o homem certo" | **71**

"Elas foram vítimas de violência sexual" | **77**
"É culpa dos pais" | **83**

3 • Lésbicas e sociedade | **91**
"Existem mais gueis do que lésbicas" | **91**
"A homossexualidade feminina é mais bem aceita do que a masculina" | **98**
"As lésbicas preferem se isolar" | **105**
"Elas não deveriam ter filhos" | **110**
"Não se é feliz quando se é lésbica" | **117**

Conclusão | **125**

Referências bibliográficas (para saber mais) | **127**

Prólogo

LÉSBICA [λεσβοσ + ιχα] adj. e subst. fem.: relativo aos amores da poetisa Safo (fim do século VII, início do século VI a.c.) de Lesbos, ilha do Mar Egeu (Mitilene). Mulher que sente desejo sexual por mulheres. Quando o equivalente do termo em francês foi reconhecido, em 1549, seu masculino designava um "uranista", amante de um homem.

Somente durante o Renascimento as mulheres que se amam começaram a ser nomeadas na França. Até meados do século XIX, o termo mais empregado foi "tríbade", do grego "esfregar", designando uma técnica sexual. Costuma-se coincidir a publicação de *As flores do mal*, de Baudelaire (1857), com o surgimento de um novo significado da palavra "lésbica". Pois enquanto o autor chamava as lésbicas de "mulheres malditas", foi condenado em um ruidoso processo por ultraje à moral pública. A partir de então, o uso da expressão se difundiu, fortemente carregado de erotismo. No final do século XIX, a medicina criou o termo "homossexual", que entrou no suplemento do Novo Larousse Ilustrado de 1902. As lésbicas da *belle époque* preferiam essa designação carregada de conotações pejorativas às expressões "safista" ou "amazona". Os demais termos em uso – como *anandrina* [ou *anândria*], *uranista, gomorreia, safo, invertida* – se revelavam ora triviais, ora médicos, ora puro preciosismo.

Só nos anos 1970 as mulheres se apropriaram da palavra "lésbica", no bojo dos movimentos feministas. O termo ganhou uma dimensão política, inscrevendo-se na luta contra a hierarquia dos sexos e das sexualidades. "As lésbicas não são mulheres", escrevia Monique Wittig em 1980. Esse renascimento positivo se fez acompanhar da emergência de novos modos homossexuais de vida e de uma maior visibilidade dos gueis[*] e lésbicas. Atualmente, é o termo mais empregado.

---

[*] No original em francês, a autora usa "gais", quando o comum seria "gay". A fim de respeitar essa opção, usaremos o termo "guei" ao longo de todo o livro. [N. E.]

Prefácio

NO MUNDO TODO, mulheres se amam, se desejam, fazem amor. Hoje, como ontem e amanhã. Como em todas as histórias de amor, elas vivenciam felicidade e mágoa. Ao fazer isso, não prejudicam ninguém, não usurpam a liberdade alheia nem perturbam a ordem social. Elas mantêm relacionamentos consentidos entre adultos, sem nenhum crime ou violência e, na maioria dos casos, como acontece em matéria de amor, na intimidade. E, no entanto... Na maioria dos países essas mulheres são recriminadas, agredidas, às vezes assassinadas, em função de sua preferência amorosa. Hoje, como ontem e amanhã.

Só em uma minoria de Estados, tanto na Europa como na América do Norte, as mulheres que se amam são livres para viver abertamente: se quiserem, podem morar juntas, se casar, formar uma família. Ninguém pode invocar sua orientação sexual para se opor a essas escolhas. Até porque certos dispositivos protegem seus direitos. É o caso do Pacto Civil de Solidariedade (Pacs), criado em 1999, na França, e da Lei sobre a Alta Autoridade de Luta contra as Discriminações (em francês, Halde), que permite em especial a punição por injúrias homofóbicas. Sinônimo de progresso, no que diz respeito à igualdade e à liberdade para todos os cidadãos. Mas uma parte da sociedade continua sendo hostil. A pesquisa sobre a "lesbofobia" feita na França pelo SOS Homofobia, entre outubro de 2003 e janeiro de 2004, é prova disso: 57% das mulheres entrevistadas declararam já ter sido vítimas de comportamentos lesbofóbicos. Se em 44% dos casos os injuriantes eram membros da família, em 45% eram pessoas de fora. No trabalho, elas são vítimas de discriminação (24%), geralmente por meio de zombarias e fofocas. Por fim, 64% delas avaliam que "a mentalidade evolui", mas 24% acham que "ainda é muito difícil".

São mulheres de todas as idades, de todos os níveis sociais, exercendo todo tipo de profissão. São casadas com um homem, mães solteiras ou casadas com outra mulher. Vivem suas experiências homossexuais como um modo de vida, como uma aventura amorosa ou uma simples fantasia. Seu único ponto em comum? Amar-se entre si. E, no entanto... Elas são todas chamadas de "lésbicas", e sua sexualidade é transformada naquilo que as define: a base de sua identidade. Uma identidade talhada na madeira das ideias preconcebidas, que as representam como masculinas, neuróticas, infelizes. E o imaginário social desenha uma personagem nascida dos medos e fantasias. Mas esse retrato, por mais caricato que seja, se mostra perturbador, pois reflete evidências. Determinadas lésbicas são "masculinas". Resta saber por que e o que significa essa adequação entre crenças e realidade. Pois as identidades são elaboradas de acordo com o modelo ecoado pela sociedade. Foi assim que as lésbicas se adequaram parcialmente a essas imagens, ao mesmo tempo que se apropriavam delas, alterando-as e jogando com os códigos. Dessa forma, elas traçaram os contornos da identidade lésbica contemporânea.

Analisar as ideias preconcebidas sobre as lésbicas permite, portanto, combater os preconceitos, terrivelmente autoritários, que formam a base da lesbofobia, mas também compreender como foram constituídas as marcas atuais da "comunidade" homossexual, com relação a linguagem, moda, locais e cultura.

Ao longo desta obra, empregaremos o termo "guei" para nos referir ao homossexual masculino e o termo "lésbica" para tratar da mulher homossexual, algumas vezes de modo anacrônico.

1 Retrato das lésbicas

"ELAS SÃO FACILMENTE RECONHECÍVEIS"

Você não notou que ela é sapatão?
Eu as identifico na hora. Tenho faro para isso.
Laurent (Alain Chabat), *Uma cama para três*, 1995

Camisa de lenhador, *boot*, corte de cabelo joãozinho: impossível se enganar, essa mulher é lésbica. Pelo menos essa é a opinião de muita gente, para quem as lésbicas podem ser reconhecidas pela aparência. Uma aparência viril e pouco graciosa, como a da personagem Marijo no filme *Uma cama para três*, que dirige uma perua com uma cigarrilha na boca. No imaginário coletivo, as lésbicas usam roupas masculinas e se comportam como homens, conceito acompanhado de certa vulgaridade: elas "gostam de bebidas alcoólicas fortes, a exemplo dos cigarros que fumam, e de usar uma linguagem rude", segundo Simone de Beauvoir, fazendo eco a Colette. Para a autora de *Claudine*, a lésbica "jura por Deus enquanto levanta o carro com um macaco [...] e bate papo com o mecânico"

(*Le pur et l'impur* [O puro e o impuro], 1932). Mas em matéria de homossexualidade, será que o hábito faz o monge?

Não se pode negar que muitas lésbicas têm um estilo mais masculino do que a maioria das heterossexuais. Cabelos curtos, calças *baggy* e camiseta regata, cuecas Calvin Klein: às vezes, nos enganamos quanto ao sexo das garotas que andam assim pelas ruas. E a história confirma que essa preferência das lésbicas por roupas masculinas não é de hoje. As fotos de Brassaï mostram que nos anos 1920 elas gostavam de usar *smoking*, colarinho falso e gravata borboleta. O monóculo era então um de seus acessórios prediletos, símbolo de identificação tanto em Paris quanto em Berlim e Londres, a ponto de ter emprestado seu nome a uma das boates mais conhecidas da época: *Le Monocle*, no bulevar Edgard-Quinet. Como observa Christine Bard, as lésbicas se valem da masculinização do terninho para se mostrar mais abertamente: as que vemos são "rapazinhas" (*Les garçonnes, mode et fantasmes des années folles* [As rapazinhas, moda e fantasias dos anos loucos], 1998).

Mas a que corresponde essa masculinidade evidente das lésbicas? Seria sua verdadeira natureza ou um reflexo da moda? Masculinidade e homossexualidade feminina seriam tão inseparáveis quanto os dedos da mão? Se sim, por quê?

"Porque as lésbicas não são mulheres", respondiam os médicos no final do século XIX, quando se encarregavam da questão homossexual. E eles transformaram esse aspecto em uma característica importante de suas descrições. Assim, para Magnus Hirschfeld, o gosto pelas roupas masculinas seria a expressão por excelência da identidade lésbica. Se elas se vestem como homens é porque, em determinado grau, elas o são: uma alma de homem em corpo de mulher. Isso quando sua anatomia não apresenta elementos masculinos. E é nessa inversão que ele localiza a origem da homossexualidade. Assim, o uso de calças compridas pela mulher seria um sinal de lesbianismo, tanto quanto um pomo de adão proeminente ou uma pilosidade abundante. Richard von Krafft-Ebing, psiquiatra alemão, escreveu em 1886 que a homossexualidade pode "sempre ser suspeita nas mulheres que têm cabelos curtos ou que se vestem como homens" (*Psychopathia sexualis*).

Os médicos da época conheciam bem mais lésbicas "femininas" do que homossexuais "viris", mas para eles as primeiras eram "falsas" lésbicas: heterossexuais que se deixaram desvirtuar do bom caminho. A divisão das lésbicas em duas categorias pode parecer caricata, mas, no entanto, marcou de modo considerável as opiniões sobre as homossexuais.

Na verdade, essas teorias médicas se baseiam em uma perspectiva naturalista ou essencialista, que estrutura fundamentalmente as sociedades ocidentais: nosso sistema de pensamento considera que uma mulher/um homem é "feminina"/ "viril" por natureza, e que ambos sentem espontaneamente desejo pelo sexo oposto.

Ora, inúmeros são os exemplos que mostram que a aparência, o sexo e a sexualidade são relativamente independentes. Por um lado, algumas mulheres que gostam de homens têm um jeito bastante esportivo, a ponto de ser muitas vezes confundidas com homossexuais. Por outro, existem com certeza tantas lésbicas "femininas" quanto "masculinas", mas elas passam despercebidas: cabelos compridos, decotes profundos e saias curtas, elas se fundem às heterossexuais *sexy*. Em suma, o travestismo não tem nada que ver com homossexualidade. Em 1897, o sexólogo inglês Havelock Ellis já os dissociava, em seus *Studies in the psychology of sex* [Estudos de psicologia sexual]. Ele considerava o travestismo uma prática específica e, para designá-lo, forjou a expressão "eonismo", derivado do nome do cavaleiro Eon, espião francês do século XVIII, cujo verdadeiro sexo nunca foi conhecido. O fato de uma mulher se travestir de homem não implica, em absoluto, que ela se sinta sexualmente atraída por mulheres. As *drag kings*, versão feminina das *drag queens*, fazem do masculino só uma performance e uma encenação de si mesmas.

Portanto, a aparência da lésbica não é, em nenhum dos casos, a emanação de sua "natureza" homossexual. E não é porque se nasce mulher que se gosta espontaneamente de vestidos e maquiagem – ou, em outras palavras, que se é "feminina". Aliás, masculino e feminino são noções completamente relativas a determinada sociedade e época. O uso de calças compridas, que durante muito tempo foi proibido às mulheres francesas pela polícia, hoje já não incomoda ninguém. Seu uso, incorporado pelos costumes, não confunde mais as identidades sexuais, como acontecia em 1900. A masculinidade e a feminilidade, longe de ser qualidades naturais, são atribuídas a marcas que nos são inculcadas desde a mais tenra infância. Rosa para as meninas, azul para os meninos... A roupa permite identificar os sexos e atribui a cada um seu lugar em todas as manifestações da vida social. Mas essa ditadura do gênero também pode ser questionada. A propósito, é o que fazem as lésbicas "masculinas", que desvirtuam os códigos da masculinidade para se apropriar deles. Mas por que elas fazem isso? Não existirão tantas respostas para essa pergunta quanto existem mulheres?

Seguramente, a escolha do modo de se vestir diz respeito ao gosto e à história pessoal de cada um. Mas não só isso. Essa escolha é sempre elaborada em função do grupo: da sociedade e dos valores que ela veicula. As representações sociais influenciam necessariamente o modo de nos vestirmos. Assim, a maneira pela qual os homossexuais são descritos pela maioria heterossexual modela, conscientemente ou não, a imagem que eles têm de si mesmos.

Se no período entreguerras triunfou a definição médica da homossexualidade, a teoria da inversão influenciou as lésbicas, impondo-lhes um modelo que elas assimilaram parcialmente. Dali em diante, a masculinização de sua aparência se transformou pouco a pouco em moda, permitindo-lhes identificar-se como lésbicas, ter visibilidade e reconhecer-se mutuamente. A exemplo da cor lilás, do monóculo e do *tailleur* dos anos 1920, algumas combinações do vestuário fazem as vezes de uma piscadela, ainda que discreta em certas ocasiões. Um blazer usado sem batom não provoca o mesmo efeito que um blazer usado com brincos e rímel.

Mas transgredir as normas também permite exteriorizar a recusa ao sistema de gêneros. No início, usar calças compridas era símbolo da emancipação feminina. Assim como as rapazinhas dos anos 1920 e as feministas dos anos 1970, que queimaram seus sutiãs, também as lésbicas "masculinas" por vezes recusam o papel que a sociedade impõe às mulheres. Dessa forma, elas se liberam das imposições de "feminilidade" – da obsessão por regimes de emagrecimento ao uso de saltos de uma altura improvável. Inútil sofrer para ficar bonita! Aliás, a subversão pode se dar de modo lúdico: "Sem dúvida, para algumas se trata de desmistificar a hipocrisia dos gêneros, com uma boa dose de humor e um toque de provocação", sugere sabiamente Christine Bard (*As rapazinhas*, 1998).

Muito mais pragmáticas, algumas mulheres encontram vantagens concretas nessa "masculinidade": primeiro, elas ganham tempo enquanto se sentem bem usando tênis. Mas muitas vezes também se beneficiam de um maior prestígio social, pois uma atitude masculina permite que se imponham e se sintam mais seguras. "Minha personalidade foi se formando sob essa roupagem emprestada, que me permitia ser homem o bastante para frequentar um meio que de outra forma estaria eternamente fechado", explicava George Sand em sua época. Ainda hoje, certa "virilidade" pode trazer vantagens sociais e econômicas imediatas. Lembremos então outro benefício nada desprezível: escapar a tentativas inoportunas de sedução, pois uma aparência feminina é muitas vezes interpretada como incentivo a abordagens (indesejadas).

Por fim, não nos esqueçamos de que a androgenia sempre teve um forte potencial de sedução. Sinônimo de beleza ideal, ela agrada esteticamente. E não somente aos fãs das estrelas de *glam rock*.

Contudo, raras são as lésbicas que se descrevem como "masculinas", mesmo quando se mostram efetivamente pouco "femininas". Haveria aqui um paradoxo? Não, pois o termo "caminhoneira" é um insulto – ele deprecia tanto dentro da comunidade homossexual quanto na boca do personagem interpretado por Alain Chabat em *Uma cama para três*. A aparência que ele estigmatiza não passa de uma paródia impregnada de vulgaridade. Ora, as meninas que optam por uma aparência "masculina" não procuram reproduzir as normas sociais, mas justamente o contrário: elas desvirtuam essas normas a fim de encontrar, em total liberdade, uma aparência que realmente as espelhe.

"ENTRE MULHERES, NÃO SE TRATA EXATAMENTE DE SEXO"

Entre mulheres, a carícia carnal é mais contínua [...],
mas elas não são levadas a êxtases arrebatadores.
Simone de Beauvoir, *O segundo sexo*, 1949

Aos gueis, a azaração e o sexo. Às lésbicas, a ternura e as carícias inocentes. Enquanto a homossexualidade masculina é posta sob o signo de uma sexualidade desenfreada, a relação feminina é, com frequência, privada de sua dimensão física – ou é atenuada, assimilando-se a jogos eróticos sem grandes consequências. Assim, o amor entre mulheres é visto mais como cumplicidade afetuosa do que como relação tórrida. A ideia preconcebida contém, portanto, um paradoxo, pois tende a dessexualizar o que é frequentemente reduzido a simples preferência sexual. Ora, não se trata exatamente de ter relações sexuais, ou de desejar tê-las? Fantasias, atrações, emoções: esses são, entretanto, os signos de uma eventual homossexualidade.

Em primeiro lugar, na relação entre duas mulheres raramente se considera o sexo preponderante. Isso porque sempre se imagina que as mulheres têm menos vocação para o sexo do que os homens. Assim, a relação lésbica seria a menos

·AS LÉSBICAS·

sexual de todas. É verdade que algumas estatísticas tendem a confirmar isso. Segundo a pesquisa ACSF sobre o comportamento sexual dos franceses (1993), mais homens do que mulheres declaram práticas sexuais variadas, principalmente a masturbação (84% contra 42%). Eles também recorrem com mais frequência à pornografia ou à prostituição. Por fim, eles dizem ter um maior número de parceiras durante a vida (11,3 contra 3,4 para as mulheres). Mas qual a pertinência desses dados? Eles significam de fato que os homens têm uma vida sexual mais ativa do que as mulheres? Não necessariamente. Antes de mais nada, dificilmente os sociólogos avaliam o percentual de omissão nas informações fornecidas por aqueles e aquelas que interrogam – especialmente em matéria de sexualidade. Assim, a masturbação feminina continua sendo uma prática tabu. Claro que menos do que há trinta anos, mas um bom número de mulheres nunca a menciona. Paralelamente, os homens aumentam o número de parceiras. Não para contar vantagem, mas porque eles contabilizam todas as relações, ao passo que as mulheres só enumeram as mais importantes. Além disso, ter um número elevado de parceiros não significa ter uma atividade sexual mais intensa, pois quando temos um parceiro fixo garantimos uma frequência de relações sexuais, uma vez que não precisamos procurar, a cada vez, um novo par! Por fim, é preciso levar em consideração a evolução desses indicadores. Quer se trate do número de parceiros, de práticas sexuais, de infidelidade ou de satisfação sexual, as diferenças entre homens e mulheres vêm diminuindo continuamente, desde os anos 1970.

Além disso, mesmo que em nossa sociedade os homens tenham uma vida sexual mais intensa do que as mulheres, não devemos ver nisso qualquer efeito decorrente da natureza. Sobre essa questão, os biólogos são categóricos. Apesar de o corpo do homem e o da mulher serem diferentes, não existe correlação entre a taxa de testosterona e a intensidade da atividade sexual. Pois, por meio de um córtex excepcionalmente desenvolvido, o cérebro humano foge à norma hormonal no que diz respeito à orientação dos comportamentos sexuais. Logo, esse descompasso entre a sexualidade feminina e a masculina tem origem social. E, de fato, nossa sociedade não autoriza os mesmos comportamentos no homem e na mulher. É o que ressalta a antropóloga Françoise Héritier: "Sobre um ponto não há discussão: a licitude [o fato de ser permitido] exclusiva da pulsão masculina, sua necessidade de ser um componente legítimo da natureza do homem, seu direito de se expressar – todos os elementos recusados à pulsão sexual feminina, que chega a ter sua própria existência negada" (*Masculin, féminin II* [Masculino, feminino II], 2002). Na maioria das sociedades modernas, o corpo da mulher ainda é concebido como um "corpo para outrem" – para os homens, em particular –, e não como um "corpo para si". E as mulheres continuam sendo educadas de acordo com a perspectiva da doação de si mesmas e da atenção para com o outro.

·AS LÉSBICAS·

Porque as lésbicas são mulheres, sua relação com o sexo carrega a marca do sistema social. Nenhuma consegue escapar disso. Mas, por sua preferência sexual, elas escapam, de fato, às normas, situando-se em um terreno novo. Em função de a sexualidade das lésbicas ter sempre sido mantida em silêncio, nada lhes foi prescrito, só imperam seus desejos – e os de suas parceiras. Sua maneira de apreender os prazeres do corpo é, portanto, fruto de explorações. Longe de serem assexuadas, as mulheres sem homens assumem o controle da própria sexualidade.

Mas como duas mulheres podem se satisfazer se falta a elas o essencial? Para ter prazer, uma mulher não precisa do órgão sexual masculino? Muitos são os que ainda pensam assim. É verdade que a liberação sexual aconteceu e que muitas práticas são hoje em dia abertamente comentadas. Sob a influência da sexologia e das lutas feministas, a sociedade também modificou seu olhar sobre a sexualidade das mulheres. Em 1966, os trabalhos de Masters e Johnson (*Human sexual response* [As reações sexuais]) revelavam o papel do clitóris no orgasmo feminino, contestando a pretensa frigidez atribuída a certas mulheres. Assim, com base em testes, eles mostravam o primado da vagina no prazer feminino. Enquanto isso, na mesma época, as feministas ocidentais denunciavam a função política do "mito do orgasmo vaginal". Algumas delas, dentre as quais a americana Ti-Grace Atkinson, chegaram a afirmar que ele tinha sido inventado a fim de garantir a sobrevivência das instituições sociais diante da crescente autonomia da mulher. Outras distinguiam a sexualidade da questão genital e insistiam na "pansexualidade" do corpo feminino. "A mulher tem sexos quase em toda parte", afirmou Luce Irigaray em seu *Ce sexe qui n'en est pas un* [Esse sexo que não é um só], em 1977. Mas, apesar desses progressos, a imagem do sexo continua falocêntrica. E a sexualidade é quase sempre sinônimo de penetração, vaginal ou não. A maioria das pessoas associa as relações sexuais dos gueis à sodomia, mas são as carícias, a masturbação recíproca e a felação que constituem suas práticas mais frequentes. Questionados sobre sua última relação, só um terço dos homossexuais declarou ter praticado a sodomia (pesquisa ACSF). Além disso, 60% dos entrevistados, de todas as preferências sexuais, responderam positivamente à pergunta "relação sexual é sinônimo de penetração?" E, de fato, a penetração vaginal é uma prática quase sistemática nas relações heterossexuais (91% a 95% dos casos). Nessa lógica de injunção, a sexualidade das lésbicas, destituídas do órgão necessário para a penetração, pode então parecer anódina, e suas carícias, se assemelharem a preliminares. A menos que uma delas "faça o papel de homem", equipada ou não de um pênis artificial, e que elas se prestem a um "simulacro de coito".

Efetivamente, a sexualidade lésbica sempre foi calcada nas relações conjugais: uma das duas mulheres devia necessariamente penetrar a outra, se possível por meio de um órgão fálico. Preocupados com esse gozo feminino autônomo e tão misterio-

·AS LÉSBICAS·

so, os homens – de poetas a médicos – deram tratos à bola.
Assim, eles dotaram as "tríbades" de um clitóris protuberante,
espécie de pênis feminino que elas usariam para abusar de outras
mulheres (em francês, *"tribades"*, *Dicionário Larousse*, 1876).

Ora, na verdade não é preciso recorrer a nenhum proce-
dimento sobrenatural para descrever a sexualidade das lésbicas, pois o que duas mulheres fazem na cama não tem nada de
tão extravagante – e para isso elas nem abusam dos instrumen-
tos eróticos. Mas, então, o que elas fazem? Como explica Marina Castañeda, as práticas sexuais mais comuns são a penetração vaginal com a mão, a cunilíngua e as carícias clitoridianas,
além do roçar da zona genital (*Comprendre l'homosexualité*
[Compreender a homossexualidade], 1999). As mulheres podem gozar juntas de muitas maneiras que nada ficam deven-
do às práticas heterossexuais. Não podemos nos esquecer que
a natureza não dotou o homem de um órgão que estimularia
especialmente a região do clitóris. Quanto ao famoso ponto
G, se é que ele existe, "é mais acessível ao estímulo dos dedos
do que ao roçar do pênis", afirma o sexólogo Gilbert Tordj-
man (*La femme et son plaisir* [A mulher e seu prazer], 1986).
Não existe, portanto, qualquer obstáculo anatômico ao prazer
lésbico. E imaginamos que o corpo, as mãos e a boca de uma
mulher – que todos sabem que são suaves – podem perfeitamente se consagrar a ele. "Ela é delicada e sabe exatamente
como massagear meu clitóris, com a pressão necessária...

Levamos o tempo que for preciso e gozamos!", relata uma das mulheres do *The Hite report on female sexuality* [Relatório Hite sobre a sexualidade feminina], de 1976. De Violette Leduc a Cy Jung, escritoras e cineastas passaram a desvelar esses prazeres mantidos em segredo por tanto tempo. Se a sexualidade diz respeito aos usos do corpo – em especial dos órgãos sexuais – que propiciam prazer físico e mental, cujo ponto culminante se chama "orgasmo", não podemos excluir as lésbicas. Penetrante, vaginal, clitoridiana, pansexual, lúdica, orgástica ou não, sadomasoquista ou terna, a sexualidade entre mulheres é uma sexualidade por inteiro – se por "sexualidade" compreendermos desejo e gozo, e não um acasalamento visando à reprodução da espécie.

"SÃO MENINOS FRUSTRADOS"

> *A menina lésbica prefere as brincadeiras de menino: ela não gosta de costura nem de outras ocupações femininas.*
> Dr. Frank Caprio, *L'homosexualité de la femme* [*A homossexualidade feminina*], 1959

Quer quando as chamamos de "fanchonas" ou de "caminhoneiras", encaramos as lésbicas como meninos frustrados, e as imaginamos empoleiradas em cima de uma moto ou debruçadas sobre o motor de um carro. Se os gueis são cabeleireiros, as lésbicas escolheriam profissões masculinas: atividades arriscadas ou trabalhos técnicos. E essas atividades, assim como as características que atribuímos a elas, seriam indícios de sua personalidade masculina. Resumindo, elas teriam mais afinidade com os homens do que com as mulheres: além de sentir desejo pelo *sexo frágil*, elas compartilhariam com os homens o temperamento e o modo de pensar.

Essa ideia preconcebida estigmatiza as lésbicas, excluindo-as da categoria "mulher", a pretexto de sua sexualidade. Mas não as inclui na categoria "homem": ela as condena a ser tão somente sub-homens, julgando ridícula sua pretensão aos atributos e funções masculinas. Assim, as lésbicas são condenadas à paródia. Por quê? Para o sociólogo Daniel Welzer-Lang, a sociedade exerce uma forma de discriminação das pessoas às quais atribuímos qualidades – ou defeitos – reconhecidas ao outro sexo (*La peur de l'autre en soi* [O medo do outro em si], 1994). E ainda hoje ela fustiga aquelas e aqueles que, apesar de não ser homossexuais, não se enquadram nas representações estereotipadas de gênero: os homens – de Marte – devem supostamente ambicionar o poder e valorizar a competitividade, não demonstrar fraqueza nem sensibilidade; as mulheres – de Vênus – em tese privilegiam o amor, a beleza e a comunicação. Elas são sensíveis e amáveis.

Ao naturalizar qualidades psicológicas que na verdade são o quinhão particular, mas que muitas pessoas não ousam expressar, a sociedade justifica a atribuição de papéis em função do sexo e, sobretudo, sua hierarquização. Essas ideologias que pregam a superioridade de um gênero sobre outro (sexismo) e de uma orientação sexual sobre outra (heterossexismo) dão sustentação ao sistema social e organizam o controle dos gêneros. Mesmo que as lutas feministas tenham permitido sacudir essa dominação, que oprime tanto homens quanto mulheres, heterossexuais e homossexuais, ainda é malvisto abandonar as fileiras.

Mas o preconceito não provém só dessa vigilância social. Ele está enraizado na própria construção da identidade homossexual e na ideia de que as lésbicas são "invertidas". Com efeito, a maior parte das sociedades considera que existem dois sexos – e somente dois. E essa diferença biológica implica que o homem e a mulher tenham qualidades e uma sexualidade complementares. Uma mulher é uma mulher porque tem corpo de mulher (incluindo os cromossomos), qualidades femininas e sente desejo por homens. Ao contrário, os que sentem desejo por mulheres são homens ou... parecem ser. E esse é justamente o caso das lésbicas. Pelo menos para as teorias médicas do final do século XIX, baseadas nesse princípio.

Para os médicos, em especial Magnus Hirschfeld (1868-1935), a ideia de que os homossexuais tenham um instinto sexual invertido não basta para explicar sua "patologia".

Além disso, eles consideram que toda pessoa homossexual é dotada de traços do outro sexo. Ela pertence a um terceiro sexo, espécie de mistura dos dois primeiros, que se situa entre tipos ideais: os homens e as mulheres "absolutos". Estes se distinguem não apenas por uma anatomia sem ambivalência (características sexuais primárias e secundárias coerentes), mas também por uma "masculinidade" ou uma "feminilidade" perfeitas.

Toda ambiguidade física ou moral é então interpretada como sintoma de homossexualidade, e sua presença permite distinguir os invertidos "congênitos" dos "ocasionais". Assim, mede-se o lesbianismo segundo o parâmetro da masculinidade. No final do século XIX, o psiquiatra alemão Krafft-Ebing (1840-1902) chegou inclusive a elaborar uma escala de avaliação: o primeiro grau designava as mulheres cuja homossexualidade não é detectada, mas correspondem às investidas de lésbicas; o segundo se referia às mulheres que preferem usar roupas masculinas; o terceiro, às que queriam ser homens; o quarto e último definia aquelas cujos órgãos genitais eram o único atributo feminino – quanto ao restante (modo de pensar, sentimentos, ações e aparência), elas eram homens (*Psychopathia sexualis*, 1886).

Fazendo eco a essas pseudoexplicações, em 1928 foi publicado na Inglaterra um dos mais famosos romances lésbicos, *O poço da solidão*. Nele, a autora Marguerite Radclyffe-Hall põe em cena Stephen Gordon, uma jovem cuja masculinidade emerge como *leitmotiv*. Desde a mais tenra infância, Stephen sobe em árvores, luta com os colegas e detesta vestidos. A idade adulta não muda nada. Ela declara sem meias--palavras que deve ser um rapaz, pois se sente "exatamente como se fosse um". E ela deseja mulheres e gosta delas. De imediato, o romance teve forte repercussão: um mês depois de ser publicado, a imprensa inglesa reagiu indignada. Abriu--se um processo contra o livro, que foi proibido na Inglaterra. Mas a autora se transformou na primeira lésbica alvo da mídia: nos Estados Unidos, sua obra se tornou um best-seller, e em 1932 foi publicado pela Gallimard, na França.

As lésbicas da época ficaram divididas a seu respeito: com certeza, muitas mulheres tinham afinidades com Stephen. Até porque são raros os modelos lésbicos com os quais se identificar. Mas a tese da invertida congênita passou longe de convencer todo mundo.

Assim, um bom número de lésbicas não se identificou totalmente com a descrição que tinha sido feita delas. Longe da pretensa virilidade, suas características e seu modo de vida pertenciam completamente à ideia veiculada pela sociedade de uma "mulher de verdade" (elas detestavam futebol, manifestavam essa suavidade e intuição que atribuímos ao feminino etc.). Aliás, as próprias normas da "feminilidade" ficaram desacreditadas desde o início do século XX, com as mulheres se apoderando de domínios tradicionalmente reservados aos homens e aumentando cada vez mais seu campo de ação e de liberdade. Prova de que não existe qualquer relação de necessidade entre orientação sexual, gênero e identidade sexual, mesmo que possa haver incidência de um sobre outro.

Mas voltemos justamente a essas noções: em nossa identidade pessoal, é preciso dissociar os componentes sexuais (aquilo que diz respeito à sexualidade) dos componentes sexuados (que se relacionam com nossa identidade como homem ou mulher). A orientação sexual concerne à atração erótica que sentimos por alguém. Ela é homossexual se o desejo se manifestar por pessoas do mesmo sexo, heterossexual se somos atraídos por pessoas do sexo oposto e bissexual quando gostamos de ambos os sexos. Mas ela não se reduz a esses três rótulos: é mais bem entendida em um *continuum*, que vai da homossexualidade exclusiva à heterossexualidade exclusiva, passando por todas as gradações possíveis (relações homossexuais/heterossexuais frequentes, raras, raríssimas etc.). Não podemos classificar as pessoas, de maneira definitiva, em categorias sexuais rígidas. "Os homens não constituem duas populações distintas, hétero e homossexual. [...] Só a mente humana inventa categorias e tenta encaixar à força a realidade em casos separados", escrevia em 1948 o sexólogo Alfred Kinsey, em seu *Sexual behavior in the human male* [Relatório sobre o comportamento sexual masculino]. Por esse motivo, ele estabeleceu uma escala graduada de 0 a 6, que vai da heterossexualidade exclusiva (grau 0) à homossexualidade exclusiva (grau 6), com base na qual os indivíduos se distribuiriam em função de suas experiências e reações psicológicas.

Por sua vez, a identidade sexual corresponde à maneira como cada um se posiciona em relação a seu sexo biológico (aquele que nos é atribuído quando nascemos) e aos gêneros, homem e mulher, tal como são construídos em determinada sociedade. Em outras palavras, é o sentimento de pertencer ao sexo masculino ou feminino. Ela é o "reconhecimento, pelo próprio indivíduo – e, até certo ponto, pelos que o cercam, já que em grande parte existimos pelo olhar dos outros –, de possuir atributos físicos, psicológicos ou simbólicos macho, ou fêmea" (Michel Dorais, *La peur de l'autre en soi* [O medo do outro em si], 1994).

A exemplo da orientação sexual, a identidade sexual pode ser posta em questão ao longo de toda a vida. É claro que ambas são fortemente influenciadas pelos modelos socialmente valorizados. Não obstante, é verdade que toda identificação é fruto de um percurso pessoal, esteja ela de acordo com as normas ou não.

Assim, um bom número de lésbicas flerta com a masculinidade sem que por isso se considerem homens ou mesmo masculinas. Entretanto, reina a confusão entre transidentidade e homossexualidade. Ora, mesmo que ambas possam ser o caso de uma pessoa (é possível ser, ao mesmo tempo, trans *e*

·AS LÉSBICAS·

homossexual), a transidentidade (o fato de ser transexual) não diz respeito à sexualidade, mas sim à identidade sexual. Em determinado momento de sua existência, as pessoas trans sentem uma contradição entre seu sexo biológico e seu gênero, ou entre o "sexo do corpo" e o "sexo da mente": nascidas homens, as trans M to F (*male to female*, "masculino para feminino") se sentiram, mais cedo ou mais tarde, mulheres; nascidos mulheres, os trans F to M se sentiram homens. E eles/elas podem promover algumas mudanças corporais (das roupas à anatomia: uso de hormônios, intervenções cirúrgicas...) e administrativas (mudança de estado civil) etc., para se tornar plenamente o que são. Em todo caso, não é porque uma mulher se sente homem que ela é lésbica. Aliás, os trans F to M que preferem mulheres são perfeitamente... heterossexuais, posto que são homens.

Todavia, algumas lésbicas reivindicam para si a categoria de transgênero, em função de jogarem com as normas de gênero e de as transgredirem (ou ainda a denominação *queer*, que em inglês significa "bizarro, anormal", e designaria as sexualidades "desviantes" dos gueis e lésbicas, que eles e elas desviaram). Sejam elas masculinas – e se declarem *butch* (do inglês, "machona") –, femininas – e se declarem *femme* – ou andróginas, ora uma coisa, ora outra, *ad libitum*, elas se apropriam dos códigos sociais para exprimir uma identidade pessoal e autêntica.

"AS LÉSBICAS ATIÇAM A FANTASIA MASCULINA"

É de acreditar que as lésbicas sejam uma invenção
da pornografia.
Anne e Marine Rambach, *La culture gaie et lesbienne*
[*A cultura guei e lésbica*], 2003

Pigalle. Os neons das lojas anunciam shows de lésbicas ao vivo. Nos cartazes do metrô, casais de mulheres se abraçam em propagandas da Calvin Klein e da Dior. Na capa das revistas masculinas, senhoritas em trajes de Eva se enlaçam pela cintura. Seriam as lésbicas onipresentes nos muros de nossas cidades? Sim, mas somente pelo viés do erotismo, pois quanto ao resto reina o mais absoluto silêncio sobre sua vida cotidiana. Por que as lésbicas são presença assídua no mundo da pornografia? Será que elas encarnam a fantasia mais frequente entre a população masculina?

É bem verdade que, fossem poetas ou médicos, os homens trataram muitas vezes do assunto. E no entanto, para eles, o mistério é considerável. Aliás, por muito tempo foram os únicos a mencionar a homossexualidade feminina – exceção feita a Safo –, já que as mulheres não tinham voz ativa. Até que, no século XX, algumas autoras, de Renée Vivien a Violette Leduc, escreveram na primeira pessoa. Apelidada de "a

·AS LÉSBICAS·

Safo 1900", a poetisa Renée Vivien cantou abertamente seus amores lésbicos já em seu primeiro livro, *Études et préludes* [Estudos e prelúdios], de 1901. Mas apesar dessa retomada do discurso, as principais representações do lesbianismo são masculinas e... imaginárias, já que nenhum homem sabe realmente do que se trata. Eis o aparente paradoxo: a maneira como o amor entre mulheres é evocado, em geral, é fruto de uma projeção das fantasias masculinas.

Muito antes da invenção do cinema e do vídeo, a literatura é prova disso: "A figura literária da lésbica, a representação de práticas eróticas das mulheres entre elas são construções masculinas", afirma a romancista Anne F. Garréta (*Magazine Littéraire*, "Littérature et homosexualité" [Literatura e homossexualidade], dezembro de 2003). E a recorrência do tema nos autores masculinos traduz uma predileção por essa sexualidade, mostrando-a sob o ângulo da morbidez, da condenação moral ou da libertinagem. Os escritores se comprazem a invocar o safismo, que lhes inspira temor e curiosidade, desejo e asco, isso quando não é objeto de suas teses filosóficas. Como muitos outros, Diderot o colocou no convento, usando-o em especial para mostrar que o "retiro depravado" e a "reclusão perpétua" são contrários à moral natural (*A religiosa*, 1796). Quanto ao marquês de Sade, ele pinta as "safotistas" com o mesmo traço que seus colegas masculinos. E a luxúria delas, ainda maior do que a dos homens, se transforma em argumento de peso para seu discurso libertário (*Histoire de Juliette* [História de Juliette], 1797). Já em Baudelaire – que estava a ponto de intitular sua obra *As lésbicas* – as "mulheres malditas" de *As flores do mal* (1857) estão mergulhadas em um gozo estéril e encarnam a decadência.

Mas quando se fala de lésbicas, trata-se sobretudo de sexualidade. E os amores femininos são quase sistematicamente erotizados, ou seja, postos em cena para excitar o desejo... masculino. Os romances têm uma profusão de exemplos desse tipo de utilização. Assim, nos anos 1900, elas apimentavam romances ligeiros, na época muito em moda. Colette, com sua Claudine, provoca e estimula o leitor, recheando a história com alusões sáficas. Já no primeiro volume da série, *Claudine na escola* (1900), ela aborda os jogos de sedução entre alunas e professoras, para contar em seguida a aventura adúltera de Claudine e da bela Rézi (*Claudine no lar*, 1902).

Sobretudo, as lésbicas ocupam um lugar de destaque no domínio da pornografia. É assim que a maioria dos filmes contém pelo menos uma cena entre mulheres. E os sites da internet que propõem imagens de "lésbicas" fazem sucesso. Como observa o Relatório sobre a lesbofobia na França em 2000, nesses sites a sexualidade lésbica é utilizada "como um objeto de fantasia e de voyeurismo" voltado para homens. De fato, o público que consome pornografia é essencialmente masculino: eles são duas vezes mais numerosos que as mulheres que assistem a filmes e espetáculos (47% contra 23%), e duas vezes e meia mais numerosos que as que leem revistas (relatório ACSF, 1993). Um fato que dispensa explicações: produzida por homens, a pornografia continua sendo amplamente consumida por eles. Há conivência entre as cenas majoritárias nas produções e a perpetuação, no plano das fantasias sexuais, da dominação masculina.

O mesmo acontece na publicidade, que mais recentemente tem exibido pares sugestivos de mulheres. Um sinal de evolução dos costumes? Lançada nos anos 1990, a onda do pornô chique busca inspiração nos ultramachistas códigos pornô-fotográficos. Mas ela também atua sobre o apelo a sexualidades marginais ou tabus: onanismo feminino, sadomasoquismo, lesbianismo etc.

Ou seja, a homossexualidade feminina parece fascinar a população masculina. Mas a recorrência das cenas entre mulheres traduziria a existência de uma fantasia sexual impregnada nos espectadores? Não necessariamente, pois a repetição dos mesmos esquemas é a marca do gênero pornográfico. Daí a frequente pobreza dos filmes. Como saber, então, se essa fantasia é realmente corriqueira? É difícil fazer essa avaliação estatisticamente. Mais do que as práticas sexuais das quais são uma força viva, as fantasias parecem difíceis de ser confidenciadas. As encenações do desejo em sequências visuais também são extremamente pessoais – irredutíveis a categorias gerais. Mesmo que ainda "exista muito a descobrir a seu respeito", elas não constituem todavia um "território totalmente desconhecido para a sociografia da sexualidade" (Pesquisa ACSF). Assim, são três as formas de fantasia masculina com a homossexualidade feminina: *ménage à trois* (o homem imagina que está fazendo amor com duas mulheres), voyeurismo (o homem imagina que observa lésbicas, sem ser visto) ou simples evocação (o homem imagina duas mulheres fazendo amor).

Segundo o relatório ACSF, de dez franceses, um declara ter frequentemente a fantasia de estar fazendo amor com duas mulheres ao mesmo tempo. Essa fantasia é duas vezes mais frequente na fase dos 18-19 anos (um homem em cada cinco) e diminui regular e proporcionalmente conforme aumenta a idade dos entrevistados (5% nos homens de 55-69 anos). É bem menos recorrente nas mulheres, que são três vezes menos numerosas a ter essa fantasia com dois homens. Ainda assim, ela está longe de ser a mais citada pelos homens, inclusive pelos de 18-19 anos. Eles a mencionam na sexta posição, bem depois de "praticar a penetração vaginal" (56%) e de "ter relações com uma pessoa terna ou romântica" (45%). Segundo outras fontes, a evocação de uma cena de homossexualidade feminina é muito menos frequente do que a fantasia do *ménage à trois* (*Le sexe et l'amour* [O sexo e o amor], Philippe Brenot, 2003).

·AS LÉSBICAS·

Assim, o homem está presente na maior parte dos roteiros que incluem a homossexualidade feminina, seja como observador ou como ator da relação. "Aliás, a iconografia heterossexual ilustra perfeitamente isto: mesmo que [as mulheres entre si] pareçam sentir prazer, é sempre o homem que conclui o espetáculo, pela penetração e ejaculação" (*L'homophobie* [A homofobia], Daniel Borrillo, 2000). Portanto, as mulheres em cena não são lésbicas, uma vez que desejam a intervenção de um homem. Ora, por definição as homossexuais se amam... entre si. Isso é claro, pois os homens em geral não estão presentes em suas relações amorosas. E, no entanto, as veiculações pornográficas insistem no fato de que se trata de "lésbicas".

Por quê? Se é verdade que muitos homens são fascinados pelo amor feminino, eles se revelam, no entanto, preocupados com a ideia de que as mulheres possam sentir prazer sem eles – quando não mais prazer com uma mulher. Sinônimo de uma profusão envaidecedora para os homens, quando eles são solicitados, a homossexualidade feminina também pode ser vista como um desafio a seus talentos sexuais.

Eis porque o imaginário lésbico construído por homens continua ambíguo: ao mesmo tempo em que convoca a homossexualidade feminina, ele a nega, ao se apropriar dela.

Por um lado, esse imaginário assimila as relações femininas a prazeres sexuais, apagando então suas dimensões reais: afetivas, cotidianas, identitárias e até mesmo políticas.

Por outro, ele as torna inofensivas para a virilidade, ao mostrar que o homem é sexualmente indispensável. Nessas cenas fantasiadas, o sexo entre mulheres é sempre inacabado: sexualidade transitória entre masturbação e coito verdadeiro, ele consiste em insignificantes preliminares que precedem a penetração feita por um homem.

A homossexualidade feminina não suscita simples fantasias sexuais, pois pode se revelar uma ameaça: na ausência de homens, as lésbicas se transformam em personagens subversivas. Esse é o motivo pelo qual as representações masculinas de lésbicas têm também a função de acalmar uma preocupação. E de desmistificar os dons de eventuais concorrentes.

Erotismo lésbico: a censura de Thérèse e Isabelle

1954: a escritora francesa Violette Leduc propõe às edições Gallimard seu romance *Ravages* [Destroços], incentivada por Simone de Beauvoir. A história é considerada "bastante envolvente" por Raymond Queneau, então membro do comitê de leitura. Mas a primeira parte, "Thérèse e Isabelle", que narra o amor de duas adolescentes em um pensionato, desconcerta o editor. Ele teme represálias, pois "é uma história de sexuali-

·AS LÉSBICAS·

dade lésbica tão crua quanto Genet"*, confessa Beauvoir a Nelson Algren. E, de fato, Violette Leduc havia descrito, com detalhes precisos, as sensações proporcionadas pelo amor com uma mulher. Não para escandalizar, mas em busca da verdade. Página após página, Thérèse descreve a exultação de seu corpo de mulher enamorada sob as carícias de Isabelle, em termos poéticos e crus. Jacques Lemarchand, editor da Gallimard, é intransigente: o livro, "do qual pelo menos um terço é de uma enorme obscenidade...", é "impossível de ser publicado inteiramente". Seria preciso "eliminar o erotismo e manter a afetividade". Em 1955, sai a versão censurada de *Ravages* – sem a primeira parte, a mais inovadora. Violette Leduc fica consternada com esse "assassinato", mas o apoio da crítica e de Simone de Beauvoir a encoraja. Só em 1966 *Thérèse e Isabelle* é publicado pela Gallimard. E seria preciso esperar até o ano 2000 para que o manuscrito original pudesse vir a público integralmente. Virginia Woolf tinha previsto, em sua época, que "se uma mulher escrevesse sobre seus sentimentos exatamente como ela os sente, nenhum homem os editaria". Seria da mesma forma, *a fortiori*, com a homossexualidade feminina.

---

* Jean Genet, autor francês que exalta a perversão e o erotismo por meio de personagens ambivalentes. [N. T.]

"ELAS REIVINDICAM SUA HOMOSSEXUALIDADE"

Os heterossexuais [...] não precisam falar o tempo todo
de sua orientação sexual.
Marina Castañeda, *Comprendre l'homosexualité*
[Compreendendo a homossexualidade], 1999

À noite, no trabalho, entre amigos, elas só falam disso: de sua homossexualidade. Isso quando não desfilam em cima de um carro alegórico na Parada Gay. É de pensar que sua orientação sexual é a oitava maravilha do mundo. Mas por que elas exibem de tal modo sua sexualidade, ao mesmo tempo que pedem que esqueçamos sua diferença? Algumas pessoas dizem se sentir agredidas por atitudes que consideram afrontosamente provocantes e fora de propósito.

Essa ideia preconcebida é, sem dúvida, uma das mais recentes da série.

Primeiro: ela designa modos de ser relativamente novos entre os/as homossexuais. Uma maneira de viver abertamente sua homossexualidade, que data dos anos 1970. Não que as gerações anteriores tenham se escondido em antros sórdidos. A história dos homossexuais não é uma progressão linear que vai da sombra (ontem) à luz (hoje). Por um lado, alguns países não a toleram atualmente mais do que antes; por outro, cada época tem seus espaços de liberdade, e as capitais europeias Londres, Berlim e Paris, sempre foram marcadas pela existência de subculturas muitas vezes aparentes. Mas novos estilos de vida são criados, efetivamente, no início dos anos 1970, primeiro nos Estados Unidos e depois na Europa. Esses estilos surgem principalmente em oposição aos "anos de armário": durante os períodos de forte repressão, como o final dos anos 1930 ou o pós-guerra, em que gueis e lésbicas foram obrigados a ser mais discretos.

Segundo: a ideia preconcebida associa o fato de revelar sua orientação sexual a uma forma de militância. Ora, é também nos anos 1970 que a "saída do armário" se torna um ato de reivindicação, quando aqueles e aquelas que participam de movimentos de libertação homossexual optam por uma política de visibilidade. Para um determinado número de gueis e lésbicas da época, o reconhecimento da homossexualidade passava antes de mais nada pelo *coming-out*, individual e coletivo. Em geral, situamos o ponto de partida dessa nova onda em Nova York, Manhattan, na madrugada de 27 de junho de 1969. Naquela noite, os/as clientes do Stonewall Inn, bar frequentado por homossexuais, transexuais e travestis, se revoltaram contra uma enésima batida policial. Seguiram-se três dias de conflitos, que marcaram uma virada decisiva. Um ano depois, no aniversário da data, aconteceu a primeira Parada Gay, marcha que celebra o orgulho homossexual. Tendo por palavra de ordem *Come out!* ("Saiam do armário!"), incitava os/as homossexuais a sair das sombras.

"Vamos parar de nos esconder", lançaram por sua vez os/as homossexuais franceses/as que interromperam o programa de Ménie Grégoire em 10 de março de 1971. Naquele dia, em Paris, nascia a Frente Homossexual de Ação Revolucionária (FHAR), criada por lésbicas do MLF e pela revista *Arcadie*. Em 1971, rapazes e garotas da FHAR aproveitaram a midiatização do tradicional 1° de maio para participar do desfile. Sob a mesma perspectiva, as lésbicas que sentiram necessidade de ter seu espaço de luta fundaram as Sapatonas Vermelhas, em junho de 1971. "Nós não tínhamos outra reivindicação a não ser viver nosso amor abertamente", conta a historiadora Marie-Jo Bonnet (*Les Temps Modernes* [Tempos modernos], mar.-abr. 1998).

As Sapatonas Vermelhas, assim como a FHAR, desapareceram rapidamente, entre 1973 e 1974. Mas o movimento de visibilidade coletiva tinha sido desencadeado: em 25 de junho de 1977 aconteceu a primeira marcha homossexual em Paris, reunindo cerca de 400 pessoas. A partir de 1979, ela aconteceria todos os anos, sempre no último fim de semana de junho, em memória a Stonewall. Em 2005, a Parada Gay, ou Marcha do Orgulho Lésbico, Guei, Bi e Trans, reuniu 600 mil pessoas em Paris e mais de 30 mil nas principais cidades da França. Em trinta anos, as lutas dos movimentos homossexuais deram frutos: passaram de exaltação militante a uma certa forma de banalização.

Todavia, para um bom número de lésbicas e gueis, essa liberação não é total. Eles consideram, com razão, que a homossexualidade ainda não está em um plano de igualdade com a heterossexualidade. Viver sua homossexualidade abertamente consiste, para certas lésbicas – aliás, também para as pioneiras –, o melhor meio de fazer a mentalidade evoluir. "As pessoas que convivem conosco se dão conta de que somos exatamente como as demais [...]. É importante que sejamos vistas [...], porque isso desmistifica", declarou uma lésbica entrevistada pelo *L'Express* em 1999. Dessa forma, assumir sua homossexualidade pode efetivamente conter uma dimensão militante.

Mas será que ter relações lésbicas implica reivindicação de sua homossexualidade? Em absoluto. Cada mulher que tem a experiência da homossexualidade encara de modo diferente esse posicionamento político. Necessariamente ela se vê confrontada quando se interroga sobre sua identidade. Afinal, não é nada evidente declarar-se lésbica, tanto para si mesma quanto diante dos outros.

Assim, dentre todas as mulheres que têm relações homossexuais, são poucas as que se identificam lésbicas. Cada uma tem sua história: algumas são casadas e têm amantes; outras vivem com uma mulher mas se dizem solteiras; algumas não se reconhecem de maneira alguma nas culturas guei e lésbica e nunca frequentam lugares comunitários. Outras, por fim, recusam pura e simplesmente se definir em função de sua orientação sexual: para elas, a homossexualidade não é uma identidade nem um modo de vida, mas uma preferência sexual que pode até ser provisória. Declarar-se lésbica não é, portanto, um fenômeno compartilhado por todas.

Relatar também não, longe disso! Nem todas as mulheres que têm histórias de amor lésbicas querem necessariamente falar delas. Por vezes, são o mais discretas possível, seja por temperamento, seja por querer se proteger. E escolhem se calar em um contexto no qual o mero fato de mencionar seus amores homossexuais pode transformar o mais amigável dos familiares, vizinhos ou médicos em inimigo feroz. Prova disso são os relatórios do SOS Homofobia, que analisam os telefonemas e as mensagens das vítimas. Assim, em 2005, o trabalho era o segundo local com mais lesbofobia (22% dos casos), depois da família, em que a hostilidade assumia a forma de discriminação (41%), de insulto (24%) e de difamação (21%). Logo, a maior parte das lésbicas é espontaneamente circunspecta. E algumas "esquecem" inclusive de contar à família e aos amigos, prova de que elas não passam o tempo todo arvorando sua homossexualidade.

Quanto a se beijar na rua ou em lugares públicos, a maioria das lésbicas nunca faz isso. A não ser quando estão em bairros onde se sentem seguras, como o Marais, em Paris, pois muitas delas sabem perfeitamente que ainda acontecem manifestações de hostilidade verbais, quando não físicas. Dez por cento das chamadas de lésbicas ao SOS Homofobia são por agressões em locais públicos. Na melhor das hipóteses, elas serão objeto de olhares curiosos ou cheios de reprovação.

·AS LÉSBICAS ·

Mas as lésbicas que assumem sua homossexualidade não são reivindicativas? Não necessariamente. Os casais de mulheres que demonstram seu afeto não têm intenção de provocar quem passa, nem de mudar a mentalidade reinante. Em todo caso, não mais do que os namorados que trocam beijos em bancos de praça. Quando se ama, não é natural ter gestos de ternura? Para as lésbicas, isso é natural; o que parece incompreensível a elas é a hostilidade das pessoas.

Além disso, a não ser que pretendam passar por heterossexuais, as lésbicas precisam "sair do armário", já que supostamente somos todos heterossexuais. Assim, elas são sistematicamente levadas a escolher entre mentir ou mencionar a vida particular. Ora, o que pode ser mais humilhante do que levar uma vida dupla? E por qual razão? Desse modo, falar de sua homossexualidade é para elas a única maneira de recusar a clandestinidade que lhes é imposta. Com frequência, e mesmo que implique novas dificuldades, o *coming-out* permite que as lésbicas vivam de modo coerente consigo mesmas.

Contudo, o simples fato de viver sua homossexualidade de modo natural ainda é considerado um gesto exagerado. Reclama-se de despudor: os/as homossexuais se excedem naquilo que afinal de contas não passa de uma questão íntima. Assim, em 2004, 42% das pessoas entrevistadas disseram que "em lugares públicos os homossexuais deveriam evitar mostrar que são homossexuais, se beijando na rua, por exemplo" (pesquisa Ipsos para a *Têtu*, abril de 2004). Nada de ter orgulho nem de reclamar uma identidade! Começa-se a incriminar "a marcha dos orgulhos", esquecendo-se de que o famoso *pride* que ela comemora alegremente é o orgulho de ter tido a coragem de viver conforme seus desejos e a afirmação de sua dignidade. Em outras palavras, exige-se que os/as homossexuais voltem... a se esconder. É provável que certas lésbicas gostem de provocar a indignação daquelas e daqueles que lhes são hostis. Legítimo. Pois é evidente que quando a homossexualidade – principalmente a masculina – se manifesta, em sua forma mais banal, continua a chocar uma parte da população. Prova disso são as cartas violentíssimas, recebidas por Noël Mamère depois que celebrou o primeiro casamento entre dois homens, na qualidade de prefeito de Bègles, em 2004. Portanto, o amor homossexual ainda suscita em algumas pessoas um pavor e uma recusa visceral que explica, em grande parte, a agressividade imputada às lésbicas.

2 Origens da homossexualidade

"É DE NASCENÇA"

Parece que as lésbicas têm uma cartilagem na orelha, num formato completamente diferente daquele das demais mulheres, um ossinho com um nome supercomplicado [...], o que prova que a homossexualidade não é uma característica adquirida, mas inata.

Haruki Murakami, *Minha querida Sputnik*, 1999

Lésbica ou heterossexual? A diferença está... no comprimento dos dedos. Foi o que anunciou a revista americana *Nature* em março de 2000. Nela, o psicólogo da Universidade de Berkeley S. Marc Breedlove e sua equipe declararam que, com muita frequência, as lésbicas têm o dedo indicador mais curto do que o anelar. Assim como os homens. Mais ainda: esses resultados são mais evidentes nas lésbicas "masculinas".

Dois anos antes, a manchete do *Daily Scientist* anunciava ter identificado a primeira diferença psicológica entre lésbicas e heterossexuais. Dennis McFadden, da Universidade do Texas, afirmou ter localizado essa diferença no ouvido interno: a cóclea não ressoaria do mesmo modo nas mulheres homossexuais e nas heterossexuais. E o eco medido nas lésbicas e nas bissexuais estaria mais próximo daquele dos homens. Então o corpo das lésbicas seria diferente do corpo das demais mulheres? Segundo esses pesquisadores, sem sombra de dúvida – a homossexualidade teria uma causa biológica. Dessa forma, a equipe de Berkeley demonstrava que o comprimento dos dedos é determinado pelos hormônios, durante a vida fetal. As mulheres com dedos "masculinos" teriam sido expostas a taxas de androgênios pré-natais mais volumosas do que as demais. Sua homossexualidade seria, portanto, a consequência de uma impregnação hormonal. Dennis McFadden defende a mesma hipótese: o sistema auditivo dessas mulheres foi masculinizado antes do nascimento. Conclusão: elas nasceram lésbicas.

Mas como esses hormônios que impregnaram o feto podem orientar o desejo sexual das mulheres quando adultas? Para os pesquisadores, nessas mulheres, eles masculinizaram as "estruturas cerebrais responsáveis pela orientação sexual" (Dennis McFadden, PNAS, 1998).

Mas resta ainda um problema considerável: ninguém descobriu essas estruturas, nem como elas funcionam. Assim, essas teorias estão longe de convencer o mundo científico,

·AS LÉSBICAS·

mesmo que não tenham sido desmentidas pela imprensa internacional. Aliás, seus autores tomam infinitas precauções para descrever essas diferenças anatômicas entre lésbicas e heterossexuais, que podem parecer burlescas. E nenhum deles conseguiu demonstrar sua origem. Se é que elas têm uma origem, pois as correlações anatômicas e funcionais entre vários fatores não fornecem necessariamente informações causais. Por sua vez, alguns pesquisadores franceses fazem grandes objeções a essas hipóteses. Eles admitem que, quando se desenvolve, o cérebro pode ser influenciado pelos hormônios pré-natais. No ser humano, os hormônios sexuais femininos e masculinos, que permitem a diferenciação sexual, são liberados muito precocemente no sangue do feto. Eles impregnam todos os seus órgãos, inclusive o cérebro, influenciando a formação dos neurônios implicados mais tarde nas funções de reprodução – como o desencadear da ovulação na mulher.

Todavia, sua influência na sexualidade só foi provada nos animais, em especial nos roedores e coelhos. Descobriu-se assim que perturbações hormonais *in utero* podiam modificar o comportamento sexual de animais adultos: nos anos 1950, o francês Charles Phoenix tratou fetos de ratazanas com testosterona e observou uma masculinização do aparelho genital e do comportamento. Ele demonstrou, então, que os hormônios gonádicos desencadeiam alterações permanentes em determinados animais (*La Recherche* [A pesquisa], n. 388).

Mas quando se passa ao ser humano, as coisas não são assim tão simples. Primeiro, porque elas não podem ser verificadas: é impensável fazer esse tipo de experiência com fetos humanos! Somente patologias muito particulares podem jogar alguma luz sobre o assunto. Esse é o caso da hiperplasia congênita das glândulas suprarrenais. Com efeito, as mulheres atingidas por essa doença fabricam quantidades excessivas de testosterona desde o estágio fetal. Com isso, seus órgãos genitais são frequentemente masculinizados, em variados graus. Contudo, elas não são lésbicas: uma vez operadas, a maioria vive bem sua feminilidade e heterossexualidade. No fim das contas, nada prova que a testosterona no ventre da mãe tenha alguma influência na orientação sexual do bebê.

Será que as lésbicas simplesmente têm taxas de hormônios masculinos mais elevadas do que as demais mulheres? Há menos de cinquenta anos, alguns pesquisadores tentaram fazer da testosterona a causa do lesbianismo, sem sucesso. A maioria dos estudos não conseguiu encontrar diferenças significativas entre as taxas hormonais das homossexuais e das heterossexuais. Além disso, a exemplo do que acontece com todos os comportamentos humanos, a sexualidade não pode ser reduzida a um conjunto de reações hormonais. Nisso o ser humano se distingue dos animais, à exceção dos primatas. Dessa forma, uma ratazana que recebe testosterona cinco dias depois do nascimento deixa de ovular e monta

·AS LÉSBICAS·

sobre as outras fêmeas. Essa mesma injeção em uma símia não induz a comportamento sexual macho. A sexualidade humana não é um comportamento instintivo. A que se deve essa diferença? À excepcional importância do córtex cerebral. O córtex pré-frontal, que produz o raciocínio e as decisões sobre o comportamento, é particularmente desenvolvido no ser humano e contém poucos receptores hormonais. Mesmo que os hormônios participem da sexualidade humana, eles não têm papel preponderante.

Os hormônios não são o único fator acusado na gênese da homossexualidade: gene, cérebro, constituição anatômica, não faltam candidatos possíveis. Assim, para o *Larousse Médical* de 1912, os homossexuais têm um problema de olfato, e a inversão sexual provém dessa carência olfativa: seriam eles menos sensíveis às fragrâncias do outro sexo?

As lésbicas, nunca mencionadas, foram poupadas por essas pesquisas. As teses hormonais de Breedlove e McFadden, praticamente as únicas sobre esse assunto, são extremamente recentes. Elas não tiveram o mesmo impacto que o "gene guei": em 1993, na revista *Science*, a equipe de Dean Hamer declarou ter identificado uma possível origem genética – desmentida em 1999. É verdade que a esse respeito permanece ainda uma questão: as causas de homossexualidade são as mesmas no homem e na mulher? Em resposta, os pesquisadores – que estudam basicamente a homossexualidade masculina – supõem que a explicação reside em um conjunto de fatores, e não em uma causa única, supostamente biológica.

Todavia, os pressupostos dessas pesquisas não mudaram significativamente desde as teorias de Magnus Hirschfeld, no início do século XX, e põem gueis e lésbicas no mesmo patamar.

Primeiro: os cientistas consideram que a homossexualidade designa uma identidade, e não comportamentos sexuais, dentre outros. E, para fundamentar essas diferenças, eles se dedicam a encontrar marcas no corpo, em um frenesi de medidas comparativas sem fim: do esqueleto aos hormônios, do cérebro ao clitóris. No século XIX, os médicos associavam o lesbianismo a uma hipertrofia clitoridiana (*Larousse*, 1876), o que ensejou a extirpações do órgão culpado, chamada excisão clitoridiana.

Segundo: os pesquisadores ainda distinguem, com frequência, dois tipos de homossexualidade: uma falsa, adquirida; e uma verdadeira, congênita. A primeira caracteriza as lésbicas "femininas", que se dedicam ocasionalmente ao safismo. As causas de seu desejo geralmente são sociais. A segunda é a das lésbicas masculinas, que são homossexuais de nascença, resultado de uma masculinização biológica. Assim, Marc Breedlove deixa claro que apenas a homossexualidade das lésbicas masculinas tem origens hormonais fetais. Permanece ainda a ideia de que para desejar uma mulher é preciso ser homem.

Nenhum estudo científico conseguiu provar que a homossexualidade deve-se a causas biológicas. Mas não é difícil imaginar que fatores genéticos e hormonais, dentre uma miríade de interações sociais, influenciam o desejo. Essa é a posição adotada pela maioria dos pesquisadores. Assim, são legítimas as pesquisas sobre o assunto. Mas elas devem tomar o cuidado de não partir de ideias preconceituosas. Por um lado, a sexualidade humana não pode ser reduzida a uma única causa e a uma necessidade biológica. Por outro, a homossexualidade não define uma categoria de indivíduos. A exemplo da heterossexualidade, ela é uma preferência, mais ou menos exclusiva, que diz respeito à escolha de parceiros sexuais. Dessa ótica, o objetivo a ser alcançado não é identificar suas causas, mas sim compreender os mecanismos do desejo, qualquer que seja sua orientação.

"ELAS DEVERIAM SE TRATAR"

Não existem homossexuais sadios.
Edmund Bergler, *Homosexuality, disease or way of life?*
[Homossexualidade, doença ou modo de vida?], 1956

Dezessete de maio de 1990. A Organização Mundial da Saúde decide retirar a homossexualidade da lista das doenças conhecidas. Ela deixa de figurar na Classificação Internacional das Doenças (CID-10). Até então, a homossexualidade aparecia na rubrica dos "Desvios e transtornos sexuais", ao lado da bestialidade, da pedofilia e do fetichismo. Junho de 1997: segundo uma pesquisa Sofres, feita para a revista *Le Nouvel Observateur*, 23% dos franceses ainda consideram a homossexualidade "uma doença que precisa ser tratada" e 17% "uma perversão sexual a ser combatida". A dimensão patológica da homossexualidade tem uma couraça resistente. Compulsão incurável ou transtorno candidato a tratamento eficaz, a homossexualidade é considerada uma doença. Por quê?

Na maior parte das sociedades, a sexualidade humana é altamente vigiada. A esse título, ela não é só um conjunto de práticas físicas que propiciam prazer; também pode ser definida como um conjunto de regras. Essas normas condenam certos atos, prescrevem boas práticas e determinam parceiros convenientes.

No Ocidente, a Igreja, poder hegemônico, se encarregou desse delicado controle até o século XVIII, para cedê-lo pouco a pouco – mas nunca completamente – à justiça e à medicina. Práticas consideradas imorais (pecado) se tornariam então ilegais (crime) ou doentias (perversão). Em que consiste o mal? Fora o coito, não sobra nada. Todo e qualquer uso da sexualidade desviado de seu objetivo reprodutivo é reprovado: onanismo, sodomia, "safismo" etc.

No século XIX, a justiça recorreu à medicina para identificar os autores dos crimes sexuais e avaliar os danos sofridos pelas vítimas. Os médicos legistas, dentre os quais Ambroise Tardieu, autor de vários tratados, buscavam provas dos atos cometidos: "deformações da vulva" e "ânus em forma de funil" (ou "infundibuliforme") seriam sintomas de práticas homossexuais, puníveis em alguns países da Europa.

Os médicos alienistas providenciaram rapidamente a definição desses atos como "perversões sexuais" e sua classificação: no final do século XIX, assistiu-se a uma psiquiatrização do prazer perverso. A *Psychopathia sexualis* (1886) reservava um lugar de destaque à homossexualidade, ao lado das perversões relativas à escolha do objeto (pedofilia, gerontofilia, zoofilia, autoerotismo).

A psicanálise nascente operou uma ruptura com essas teorias, pois para Freud a homossexualidade não é uma doença. Se ele a classifica entre as "aberrações sexuais" em seu *Três ensaios sobre a teoria sexual* (1905), é porque redefine também o conteúdo da "perversão". Ele a integra à vida sexual de cada um, ressaltando comportamentos perversos nas fases preliminares da relação sexual, componentes que pertencem à sexualidade infantil. A perversão consiste, assim, em uma regressão a uma fixação anterior da libido. A sexualidade "normal" é o culminar de uma progressão difícil, em particular para a mulher. "O amadurecimento do erotismo feminino exige a passagem do estágio clitoridiano ao estágio vaginal, passagem simétrica àquela que transferiu para o pai o amor que a menina sentia primeiramente pela mãe" (Simone de Beauvoir, *O segundo sexo*, 1949). Da erotização do clitóris como um minipênis à erotização da vagina, do amor edipiano do pai ao amor do amante, o caminho é bastante longo...

Toda mulher (assim como todo homem) que para no meio do caminho durante seu desenvolvimento psicossexual é então passível de escolher um objeto homossexual. Pois, segundo Freud, a homossexualidade é uma simples "variação da função sexual". Mas por que essas fixações acontecem? E por que mais exatamente em determinadas mulheres do que em outras? Para Freud, não existem personalidades predispostas, nem uma única causa de homossexualidade. Todas as experiências vividas imprimem uma marca profunda na vida psíquica, especialmente no estágio precoce de desenvolvimento do indivíduo: são os fatores psicogenéticos. Mas nenhum desses fatores pode ser identificado como responsável pela orientação sexual.

Em seu "Sobre a psicogênese de um caso de homossexualidade feminina" (1920), ele analisa a história de uma jovem mulher apaixonada por outra. A paciente, *a priori* exclusivamente homossexual, não é neurótica, mas seus pais querem tratá-la. A esse respeito, Freud é categórico. No máximo, a análise pode "restabelecer a função bissexual completa" e abrir caminho para a heterossexualidade.

·AS LÉSBICAS·

Portanto, a posição de Freud sobre a homossexualidade é ambígua. Ao recusar distinguir homossexuais e heterossexuais, ele define a homossexualidade como uma sexualidade psiquicamente não levada a termo com sucesso, em comparação com a sexualidade "normal". As lésbicas não são doentes, mas imaturas. Contudo, ele afirma que a homossexualidade não é da alçada da psicanálise: ela não pode converter uma lésbica em heterossexual – não mais do que o contrário. Todavia, seus colegas não compartilham esse ponto de vista. A International Psychoanalytical Association, fundada por Freud em 1910, recusou aos homossexuais o direito de exercer a psicanálise – e isso até 2001. Para eles, a linha divisória entre sexualidade sadia e patológica continua inalterada. Aliás, um grande número de psicanalistas se aferrou a essas posições, de Ernest Jones – coetâneo de Freud – a Tony Anatrella – psicanalista contemporâneo –, com base em uma interpretação dos textos de Freud. Ainda que Freud e Lacan, figuras tutelares da psicanálise, não se declarem homofóbicos propriamente ditos, consideram a homossexualidade uma perversão ("negativo da neurose", para Freud) – e mesmo a estrutura por excelência da perversão. Assim, para Lacan, a homossexualidade feminina é "a perversão, entre aspas, mais problemática na perspectiva da análise" ("O primado do falo e a jovem homossexual", *Seminário*, IV, 1994).

Foi preciso esperar pelos anos 1970 e pelas reivindicações dos militantes homossexuais para que a dimensão patológica da homossexualidade fosse reavaliada pela medicina. Em 1974, dezesseis anos antes da OMS, a American Psychiatric Association (APA) decidiu, por referendo, retirar a homossexualidade da lista das doenças mentais. Dela, continuou a fazer parte até 1987 a homossexualidade egodistônica, ou seja, o fato de vivenciar mal sua orientação sexual e desejar mudá-la. Na época, a decisão provocou polêmica e levantou um problema de fundo, relativo aos "transtornos da preferência sexual" ou "parafilias" (sadismo, masoquismo, fetichismo etc.).

Então como diagnosticar uma perversão sexual? Se em 1887 o onanismo era qualificado como tal, hoje em dia já não é mais assim. No que diz respeito à sexualidade, os psiquiatras se veem regularmente obrigados a rever seus critérios de diagnóstico. Afinal, se a perversão é definida relativamente a um comportamento sexual normal, a norma é assim considerada em função de uma determinada sociedade. Nem toda prática erótica incomum, condenada pela moral e pela religião, reflete um transtorno do comportamento. Assim, o DSM-IV cuidou de distinguir as "parafilias" (novo termo que designa os "transtornos sexuais") dos "desvios", explicando que: "nem o comportamento desviante (por exemplo, político, religioso ou sexual), nem os conflitos que ocorrem entre o indivíduo e a sociedade são transtornos mentais, a não ser que o desvio ou o conflito seja um sintoma de uma disfunção no indivíduo considerado". Cabe então ao médico determinar se é uma "síndrome comportamental ou psicológica clinicamente significativa".

Atualmente, os médicos ocidentais já não consideram mais – ao menos teoricamente – a homossexualidade um transtorno mental. Ela não pode, nem deve, de modo algum ser tratada. Aliás, todo país que tenta instaurar um acompanhamento médico para a homossexualidade é condenável, no plano internacional (Convenção Europeia dos Direitos do Homem).

Se algumas lésbicas consultam um psiquiatra para viver melhor, elas não merecem um prêmio pela originalidade! Seu mal-estar não decorre intrinsecamente de sua orientação sexual. A não ser que consideremos o peso das discriminações e a desaprovação da sociedade. Aliás, podemos pensar que os médicos, da área psi ou não, ainda são pouco informados sobre as dificuldades específicas enfrentadas pelas minorias sexuais, e pelas lésbicas em particular. Esse é o motivo pelo qual atualmente um certo número de psiquiatras, dentre os quais os da APA, longe de preconizar as "terapias reparativas", prefere eliminar seus eventuais preconceitos sobre o assunto.

"É UMA ESCOLHA FEMINISTA"

Todas as mulheres deveriam se tornar lésbicas: quer dizer,
solidárias, resistentes, não colaboracionistas.
Frente das Lésbicas Radicais, 1981

Será que se é lésbica por feminismo? Uma atração (homo)sexual pode ter origem em convicções políticas? Essa ideia se popularizou nos anos 1970, na forma do slogan "O lesbianismo é político", martelado pelas manifestantes. No contexto da liberação sexual, surgia uma nova identidade lésbica: para algumas feministas, a lésbica se transformou no símbolo de suas lutas, pois encarna a mulher que recusa a dominação masculina, inclusive na cama – símbolo de uma coerência perfeita entre vida privada e engajamento militante.

Desde os primórdios do século XX, suspeita-se da cumplicidade entre feministas e lésbicas: mulheres castradoras, elas detestam os homens e querem destroná-los. Enquanto as feministas da primeira onda reivindicavam a igualdade de direitos entre homens e mulheres, seus detratores as "acusavam" de ser lésbicas. As antifeministas usavam inclusive essa alegação para desacreditar o combate das mulheres. A "rapazinha" dos anos 1920, testemunha da emancipação feminina, era assim demonizada na forma da "lésbica viril".

•AS LÉSBICAS•

Reciprocamente, o feminismo preparou o terreno, ou, por assim dizer, a cama, para a homossexualidade. Dessa forma, a psicanálise nascente ressalta uma correlação entre recusa da dominação masculina e homossexualidade feminina.

Sem ver nisso um motor psíquico real, Freud, em "Sobre a psicogênese de um caso de homossexualidade feminina", explica que sua jovem paciente é "efetivamente feminista": ela considera "injusto que as mulheres não tenham o direito de gozar das mesmas liberdades que os homens". "De modo geral", conclui Freud, "(a paciente) se revolta contra o destino da mulher." Dez anos depois (1930), o psicólogo vienense Alfred Adler elaborou a teoria do "protesto viril": algumas mulheres, que recusam sua "inferioridade" natural, tentam "compensar" esse estado "esforçando-se para se mostrar superiores aos homens e anular as vantagens atribuídas a eles em nossa sociedade". Em sua conduta, continuava o médico, "se encontra todo o armamento da luta de emancipação social da mulher, mas sob um aspecto deformado, insensato, infantil e desprovido de valor" (*Pratique et théorie de la psychologie individuelle comparée* [Prática e teoria da psicologia individual comparada]). Estranhas leituras, que viram na contestação de um sexismo patente os sinais de um comportamento imaturo. Dessa forma, relacionava-se o feminismo com uma homossexualidade – ela mesma patológica –, e a homossexualidade com uma recusa de aceitação de sua natureza feminina.

Em 1949, a publicação de O *segundo sexo* foi um duro golpe. Nele, Simone de Beauvoir contestava a ideia de uma essência feminina habilidosamente criada para justificar a sujeição das mulheres. Dessa forma, ela desconectava a masculinidade e a feminilidade de toda e qualquer determinação biológica, inaugurando uma crítica do sistema de gêneros. Rompendo com as teorias médicas, ela afirmava também que a homossexualidade feminina não é um destino anatômico. Segundo ela, não nascemos homossexuais, mas nos tornamos. O amor das mulheres é uma "atitude escolhida em função da situação", ou seja, "ao mesmo tempo motivada e livremente adotada". Se ela for favorecida por determinado número de fatores (condições fisiológicas, história psicológica, circunstâncias sociais), podemos decidir vivê-la e assumi-la.

Mas a novidade da proposição está, sobretudo, no seguinte: Beauvoir confere ao "protesto viril" um significado político, e não mais só psicológico. A exemplo da homossexualidade, a virilidade das mulheres não é tanto uma maneira de recusar ou escapar da feminilidade – a não ser quando é "não autêntica" –, mas sim de afirmar sua autonomia. A adoção, por uma mulher, de comportamentos socialmente masculinos, assim como o fato de amar as mulheres, atesta um desejo de ser dona da própria vida. "Espontaneamente, a mulher escolhe ser um indivíduo completo, um sujeito e uma liberdade [...]: se essa escolha se confunde com a da virilidade, é na medida em que a feminilidade é hoje em dia sinônimo de mutilação."

·AS LÉSBICAS·

Nesse terreno é que se enraizaram os movimentos feministas de 1970. Em alguns grupos do Movimento de Liberação das Mulheres, ou Movimento de Liberação Feminino [em francês, MLF], em especial na tendência "feministas radicais", desenvolveu-se a ideia de que a homossexualidade é uma força viva do feminismo.

No nível da ação, as lésbicas marcavam presença já na primeira hora: numerosas nas fileiras, elas participavam de ações que fundariam o MLF. Assim, em 26 de agosto de 1970, cerca de dez manifestantes (entre as quais Christine Delphy, Monique Wittig e Anne Zelensky), em sua maioria lésbicas, depuseram uma coroa de flores à mulher do soldado desconhecido. Empunhando cartazes e estandartes, hoje famosos ("De cada dois homens, um é mulher"), nascia o MLF. É verdade que a redução (lésbicas/heterossexuais) é anacrônica, pois naquela época poucas mulheres afirmavam ser lésbicas – até porque se exigia delas uma certa discrição, para não desacreditar o Movimento. Além disso, afirma Christine Delphy, não ocorria a ninguém "a ideia de afirmar, em uma reunião: eu, que sou homossexual... Isso não se dizia. Nós éramos todas mulheres". No início dos anos 1970, a noção de "irmandade" e de solidariedade era mais forte do que a de uma identidade que ainda não tinha assumido seus signos políticos, tendo como prioridade comum, em todas as mulheres, a reapropriação de seu corpo e de sua sexualidade.

Em paralelo, porque suas reivindicações não eram levadas em consideração pelos grupos existentes, as lésbicas feministas participaram do nascimento da militância homossexual, fundando a FHAR (Frente Homossexual de Ação Revolucionária), em março de 1971, e em seguida as Sapatonas Vermelhas, no segundo semestre do mesmo ano. Elas lutavam então em duas frentes, ambas com um só objetivo: subverter o sistema patriarcal e as normas sexuais.

Com base nessa perspectiva, algumas escritoras feministas, principalmente americanas, teorizaram sobre a homossexualidade feminina. Ela passava a ser "lesbianismo": escolha política, mais do que sexualidade. Em 1974, Ti-Grace Atkinson desenvolveu a ideia de que o lesbianismo representava um potencial político para a causa feminista, pois a associação de membros de um grupo oprimido é um fator essencial de resistência. Segundo ela, ser lésbica é se engajar totalmente na classe das mulheres (as "oprimidas"), recusando todo e qualquer relacionamento, especialmente os privados, com a classe dos homens (os "opressores"). Aqui, o lesbianismo era um feminismo.

Na França, essa concepção de homossexualidade provocou debates no seio do Movimento. As feministas podiam continuar tendo relações sexuais com os homens? As lésbicas não eram as únicas a não "pactuar com o inimigo", enquanto as heterossexuais "colaboravam"? Em 1980, o comitê de redação da revista *Questions Féministes* acabou em decorrência dessa divergência de opiniões. Lésbicas radicais (em torno de

Monique Wittig) e feministas radicais (em torno de Christine Delphy) divergiam quanto ao papel do lesbianismo. Segundo Wittig, ele seria uma resistência à ordem social e política instaurada contra as mulheres – visto que a pedra angular da dominação masculina é a heterossexualidade, sistema que instaura as relações de exploração das mulheres pelos homens, sob o pretexto da "natureza" e da "diferença de sexo". Para ela, "homem" e "mulher" são conceitos políticos. O que faz "uma mulher" é o casamento, a maternidade, as obrigações físicas e econômicas para com os homens: uma relação de servidão. Por escaparem dessa apropriação privada, "as lésbicas não são mulheres". O mesmo vale para "toda mulher que não depende pessoalmente de um homem" (*La pensée straight* [O pensamento *straight*], 2001).

Todavia, ser homossexual não implica compartilhar essas ideias, nem ser engajada na causa das mulheres. De fato, a existência lésbica encarna essa independência das mulheres, tão cara às feministas. Ao tornar os homens "supérfluos", ela também questiona o sistema de poder e as relações entre os sexos, que estão na base da sociedade. Por fim, a liberdade gozada hoje em dia pelas lésbicas, assim como por um bom número de mulheres, é uma herança dos "anos-movimento". Sua vida cotidiana é fruto dos direitos pelos quais lutaram as feministas. Antes dos anos 1960 essa independência financeira, afetiva, profissional e sexual era inimaginável.

Mas o fato de viver sobre o que foi conseguido não implica, em absoluto, lutar por tudo isso. Algumas associações militantes lésbicas se declaram efetivamente feministas, como a Coordenação Lésbica Nacional [em francês, CLN]. Mas o feminismo requer um engajamento militante – ou ao menos a convicção de que ainda há muito a fazer – para atingir a igualdade dos sexos e pôr em xeque o sistema de gêneros. Contudo, nem todas as lésbicas, longe disso, se sentem envolvidas nessa causa.

Entretanto, a homossexualidade é uma escolha política? Decididamente, os movimentos feministas dos anos 1970 permitiram a expressão de desejos mais ou menos reprimidos. A alegria de estar entre iguais catalisaria encontros, assim como uma forma de idealização da homossexualidade: uma hierarquia das sexualidades, tendo "no ponto mais alto a homossexualidade praticante" (Anne Tristan, *Histoires du MLF* [Histórias do MLF], 1977). Mas a experiência foi contextual. Em 1986, 120 mulheres que tinham entrado para o MLF entre 1970 e 1972 foram questionadas sobre sua sexualidade: um terço era homossexual, um terço heterossexual, um terço bissexual. Quinze anos depois, em 2001, três quartos das mesmas mulheres declararam ser heterossexuais, contra um quarto de homossexuais e bissexuais.

Sem dúvida, é a um clima de liberdade sexual, mais do que a uma ideologia militante, que devemos atribuir esses amores femininos. Porque não se escolhe sentir desejo por este ou aquele sexo, nem por esta ou aquela pessoa. A atração se impõe como uma evidência, mesmo que ela desagrade, mesmo que se oponha aos costumes locais. O desejo pode ser influenciado por convicções políticas, especialmente pela recusa de se adaptar à imagem tradicional da mulher. Mas ele não está ligado a uma decisão racional.

"ELAS NÃO ENCONTRARAM O HOMEM CERTO"

> *Você não é como os demais, diz Marianne com uma*
> *voz queixosa. Por que os outros homens não se*
> *parecem com você?*
> Gérard de Villiers, *Brigade Mondaine*, n. 41, 1982

Uma mulher muda de lado por causa de decepções amorosas? Ao contrário, encontrar o homem ideal dá um fim a amores homossexuais? Se nossas contemporâneas estão em busca do/a eleito/a, as lésbicas seriam aquelas que não conseguiram descobrir seu Romeu. Depois de tropeçar em maus exemplares, elas teriam acabado por sucumbir aos atrativos femininos.

Isso é o que propõem alguns romances de banca de jornal. No livro *La princesse des catacombes* [A princesa das catacumbas], Gérard de Villiers conta o encontro de Marianne, jovem homossexual, com o inspetor Boris Corentin, dono de "um corpo de deus grego". Depois de ela "confessar" seu lesbianismo, o autor nos explica seus motivos. Se ela é homossexual, é porque nunca encontrou o homem de seus sonhos. "Por que eu só encontrei trastes...", se queixa ela, enquanto ele consegue "convertê-la lentamente à sexualidade da maioria dos homens e mulheres." Graças aos "esforços desesperados que faz para desejá-lo tanto quanto desejou mulheres", ela refaz rapidamente "toda sua educação sexual" e começa a "sarar".

Assim, esse preconceito encarna um roteiro de conversão erótica lisonjeiro para o homem. Mas isso não é tudo. Em sua versão de decepção amorosa, ele se revela particularmente assimilado. Em 1922, já o encontrávamos em *Garçonne* [Rapazinha], de Victor Margueritte, em que a homossexualidade é descrita como passageira e reativa. Monique Lerbier, jovem burguesa parisiense, é enganada pelo noivo. Assim, ela se entrega ao desespero, em busca de sexo e ópio – as flores do mal. Nessa busca, cruza com Niquette, "estrela do Music Hall", que se torna sua amante. Triste consolo, pois Monique, anestesiada pela mágoa, "se deixa levar, como uma sonâmbula". Mas seu gosto por homens volta rapidamente. Mulher independente, ela passa então a se comportar como uma *garçonne* e multiplica suas conquistas. De bordéis a consumo de ópio, ela afunda na autodestruição, até que conhece "o bom" Georges Blanchet. Esse homem "tão bonito, tão inteligente,

·AS LÉSBICAS·

tão bom" perdoa tudo a Monique, que, agradecida, deixa novamente os cabelos crescerem e se torna sua esposa. Para Victor Margueritte, que a seu modo era feminista, a emancipação feminina tinha esse preço: as mulheres precisavam se acostumar a ele antes de fazer bom uso. O autor, que acreditava estar escrevendo uma "fábula virtuosa", fez um sucesso retumbante – e escandaloso: foram vendidos um milhão de exemplares. Na época, o romance foi lido por 12% a 25% dos franceses e traduzido para doze idiomas. Dessa forma, veiculou tanto na França quanto no exterior a imagem de uma dupla homossexualidade: de um lado, as lésbicas "de nascença" (Niquette); de outro, as que "se tornaram" (Monique). Monique deixa de ser "lésbica" da mesma forma como tinha se tornado uma.

De fato, todo mundo pode experimentar, durante a vida, um ou mais episódios de homossexualidade. As mulheres têm mais liberdade sexual do que antigamente, ao menos no Ocidente. Homens e mulheres se casam menos, mais tarde (em 1960, o primeiro casamento acontecia aos 23 anos, e em 2004 passou aos 28 anos, para as mulheres), e têm mais parceiros sexuais ao longo da vida. Em paralelo, a homossexualidade parece ser cada vez mais considerada uma experiência possível. Uma mulher que se relaciona com homens pode ter uma relação homossexual por ocasião de um simples encontro. Nem por isso ela se definirá como lésbica, muito menos como bissexual. Se por desejo, ou por amor, quando não para "testar" sua heterossexualidade, ela for para a cama com uma mulher, isso não significa necessariamente que renuncie ao príncipe encantado, o que também não quer dizer que seus amores lésbicos sejam motivados por fracassos amorosos com os homens! Não se deve confundir alternativa com causalidade.

Mas existe, sobretudo, uma grande diferença entre a homossexualidade como experiência sexual – ou amorosa pontual – e como orientação sexual exclusiva e opção de vida. A maioria das mulheres que se define lésbica também procura a pessoa certa... Mas nesse caso se trata de uma mulher.

Aliás, essa busca da alma gêmea, seja feminina ou masculina, é relativamente moderna. Evidentemente, as mulheres deveriam poder escolher livremente seu par. Mas não somente. A trama conjugal urdida no início do século XX, entre 1900 e 1950, não se baseava mais em uma lógica de interesse que aliava capitais morais e financeiros. Daquela época em diante, a ligação precisava ser amorosa. E se ela já não é prescrita pela parentela, baseia-se principalmente no reconhecimento de três elementos que a outra pessoa deve obrigatoriamente ter: qualidades psicológicas, sexuais e parentais. Em todo caso, isso explicaria a instabilidade dos casais e a dificuldade de encontrar o chinelo velho para nosso pé cansado.

Todavia, a ideia preconcebida reflete um fato social: a maioria das lésbicas teve experiências heterossexuais. Mas essa realidade costuma ser mal interpretada, pois muitas vezes se

·AS LÉSBICAS·

desconhece as diferentes maneiras de vivenciar a homosse-xualidade. Em uma sociedade heterossexista, que concebe as relações entre homens e mulheres como as únicas normais, não surpreende que a homossexualidade feminina seja consi-derada uma relação *par défaut*.

Por um lado, em geral as mulheres iniciam sua sexualida-de por meio de uma relação com um homem, qualquer que venha a ser sua preferência posterior. Assim, somente 19% das mulheres que têm relações homossexuais tiveram sua primei-ra relação com uma mulher (Brigitte Lhomond, *Homosexua-lités au temps du sida* [Homossexualidade na época da Aids], 2003). Por outro, às vezes as lésbicas têm um casos com ho-mens antes de tomar consciência de sua homossexualidade. Por fim, as que admitem relações homossexuais tiveram, ao longo da vida, um número maior de parceiros do que de par-ceiras. Ao mesmo tempo que metade delas conheceu apenas uma parceira, três quartos tiveram, no mínimo, três parceiros.

Poderíamos deduzir automaticamente que as lésbicas são heterossexuais desiludidas: senão, por que determinadas mu-lheres tornam-se de repente homossexuais?

Em resumo, para tudo existe um começo. Identificar-se como lésbica não é algo evidente, pois no contexto das so-ciedades modernas tudo condiciona à heterossexualidade: a família, a escola e seus livros, a mídia. Tudo contribui para impô-la como a única via possível, ao passo que a homosse-xualidade é ocultada. É por isso que "não nascemos homossexuais, aprendemos a sê-lo. Ser homossexual implica um período de iniciação, de aprendizagem, que vai do momento da descoberta do desejo àquele em que se passa à ação, e finalmente à fase em que a orientação sexual é plenamente assumida" (Michaël Pollak, 1981). Assim, o *Relatório Guei*, que fez um levantamento do modo de vida dos homossexuais franceses, publicado em 1984, esboçava um percurso típico médio (259 lésbicas entrevistadas): a jovem lésbica sente as primeiras atrações homossexuais por volta dos 16 anos, e em geral terá a primeira relação heterossexual na mesma época. Por volta dos 17 anos, ela constata que é diferente das demais, e somente aos 19 falará disso, terá sua primeira relação homossexual e dirá "sou lésbica". Evidentemente, as histórias não são todas iguais: a descoberta do desejo pelo mesmo sexo pode acontecer em qualquer idade, e as etapas que levam à afirmação de sua homossexualidade nem sempre têm esse encadeamento. Não é como em um jogo de amarelinha.

Contudo, o que se constata *a posteriori*, no percurso das lésbicas, é que a heterossexualidade é uma etapa quase sistemática. O motivo? Um condicionamento social exercido com mais força sobre as garotas. Condicionamento que pode inclusive ser interpretado como pressão. Assim, as meninas atraídas por meninas sentem com mais frequência do que as outras uma obrigação de ter uma primeira relação heterossexual (Pesquisa ACSF, 1993). E, segundo o *Relatório Guei*, mais lésbicas do que os gueis consideram sua primeira relação sexual insatisfatória (76% contra 57%).

Portanto, ninguém se torna lésbica porque está decepcionada com os homens. Mesmo que a heterossexualidade se revele uma experiência comum às homossexuais, isso não significa que elas se voltem para as mulheres por despeito. Por um lado, a sociedade, marcadamente normativa, faz da heterossexualidade uma etapa quase obrigatória. Por outro, às vezes a descoberta e o reconhecimento de uma preferência homossexual levam um tempo considerável.

"ELAS FORAM VÍTIMAS DE VIOLÊNCIA SEXUAL"

Eu conheci muitas lésbicas que me contaram sobre uma experiência sexual infeliz, no período da juventude.
Dr. Frank Caprio, *L'homosexualité de la femme*, 1959

O estupro é uma das principais causas de homossexualidade feminina? Será que alguém se torna lésbica por ter sofrido violência sexual durante a infância, ou mesmo na idade adulta? "É fácil compreender", explica o doutor Frank Caprio, "que uma menina que tenha sido sexualmente agredida por um membro da família ou por um homem de certa idade possa sentir aversão por homens e pela vida sexual em geral." E por isso, segundo ele, ela acaba se voltando para as mulheres.

Haveria então mais lésbicas do que heterossexuais dentre as mulheres vítimas de violência sexual? Inicialmente, as estatísticas pareciam confirmar essa ideia: segundo a *Pesquisa Nacional sobre Violência contra as Mulheres na França* (em francês, Enveff), feita em 2000, entre as mulheres que sofreram estupro, o número daquelas que depois desse evento passaram a ter relações homossexuais é cerca de duas vezes maior (15,4%) que o das demais (6,9%). Aliás, o fenômeno consta da *Pesquisa sobre o Comportamento Sexual dos Franceses* (em francês, ACSF, 1993): 12% das mulheres que já tiveram relações homossexuais passaram pela experiência de relações sexuais forçadas, contra 4% das outras. De modo geral, a frequência das agressões sexuais é muito superior nas mulheres que tiveram relacionamentos homossexuais. Um quarto delas foram vítimas de atos violentos, contra 11% das demais mulheres. Quanto aos autores dessas violências, são sempre homens.

Mas o que esses números refletem efetivamente?

Em primeiro lugar, eles não dizem respeito somente às lésbicas, quer dizer, às mulheres que se identificam como tal, mas sim ao conjunto de mulheres que tiveram relacionamentos homossexuais ao longo da vida. Assim, os dados se

·AS LÉSBICAS·

referem a lésbicas (uma minoria), mas também, e sobretudo, a bissexuais e heterossexuais que foram para a cama com uma ou mais mulheres.

Além disso, a grande maioria delas (mais de três quartos) não declarou nenhuma agressão, o que por si só já prova que em geral a homossexualidade feminina não é consequência de violência sexual.

Por fim, se as mulheres que tiveram relacionamentos homossexuais são agredidas com mais frequência dos que as outras, esse "excesso de risco" varia em função do tipo de violência. No que diz respeito às agressões antes dos 18 anos, a diferença não é nem um pouco significativa. As mulheres que tiveram relacionamentos lésbicos não foram mais vítimas de abusos sexuais do que as demais, quando crianças. Deve-se, portanto, desconsiderar a ideia de que a homossexualidade feminina está necessariamente ligada a uma agressão pedófila.

E isso não é tudo. Os sociólogos da Enveff demonstraram que a homossexualidade não é o único fator com o qual a frequência das violências sexuais está correlacionada. Com efeito, nas vítimas o risco de agressão está associado a outros elementos. O que pode aumentar esse risco é o modo de vida (principalmente o consumo de tabaco, droga e álcool), a biografia sexual (a idade da primeira relação) e certos elementos sociodemográficos (o estatuto matrimonial). Concretamente, as mulheres heterossexuais que tiveram diversos parceiros estão mais sujeitas a agressões sexuais do que as demais – as mulheres casadas, menos.

Ora, as que declaram ter tido relacionamentos homossexuais se distinguem justamente porque muitas vezes acumulam esses fatores. Elas declaram, assim, um maior número de parceiros sexuais, dos quais a maioria é masculina, e são solteiras com mais frequência do que as demais. O excesso de risco de agressões que diz respeito a elas não está, portanto, necessariamente ligado a suas experiências homossexuais, mas talvez a outros aspectos de sua vida.

A homossexualidade é um fator de risco do mesmo tipo, por exemplo, do consumo de drogas? Graças a cálculos sofisticados – ajustes estatísticos – que permitem isolar esse dado, excluindo todos os outros, Brigitte Lhomond e Maire-Josèphe Saurel-Cubizolles, coautoras da Enveff, mostraram que não. Conclusão das pesquisas: apesar das aparências, a homossexualidade não tem incidência efetiva sobre a frequência das agressões sexuais.

De fato, algumas lésbicas realmente sofreram agressões sexuais. Qual foi o impacto desse acontecimento sobre sua orientação sexual? Seria essa a causa de sua homossexualidade?

Para o *Relatório Guei* (1984), que diz respeito principalmente às lésbicas assumidas ou às que frequentam o meio guei, 3,1% das mulheres que tiveram relacionamentos heterossexuais antes de sua primeira relação homossexual foram

·AS LÉSBICAS·

estupradas por um homem. Mas ele explica imediatamente que isso "não significa que o fato de ter sido violentada por homem é que teria levado uma mulher a se tornar lésbica". De fato, os estupros ainda são numerosos em nossa sociedade. Segundo a Enveff, nada menos do que 48 mil mulheres, entre 20 e 59 anos, foram violentadas em 1999. E é em sua vida de casal heterossexual que as mulheres adultas sofrem um maior número de violências, notadamente sexuais. Mas nem por isso todas elas se tornam lésbicas, qualquer que seja o tipo de agressão sofrida.

As agressões sexuais (estupro, pedofilia, incesto, exibicionismo, assédio) raramente deixam de ter alguma consequência negativa para a vítima, no mínimo provocando uma perturbação emocional significativa. Além da dor do corpo, os sofrimentos psíquicos podem ser imensos. Angústia, pesadelos repetidos e depressão traduzem um sintomático estado de choque pós-traumático. Com frequência, a vítima de uma agressão sexual se vê, além de tudo, constrangida por sentimentos de vergonha e culpa. O estupro, quando não provoca a morte da vítima, se revela a mais prejudicial das violências sexuais: somente 14% das vítimas não associam a ele alguma consequência (Enveff). E o primeiro dano citado pelas mulheres é uma perturbação duradoura de sua sexualidade (63,5% das mulheres agredidas). Como se sente uma pessoa que foi humilhada e ferida dessa maneira? Como reaprender a se deixar tocar, quando uma carícia pode despertar lembranças dolorosas? Quando uma pessoa já não gosta de si mesma, quando sua confiança no outro vacila de modo irremediável, não é somente a orientação sexual que é colocada em questão, mas toda a sexualidade.

Seja a vítima homossexual ou heterossexual, seu desejo por outrem e sua capacidade de sentir prazer são por vezes amputados por muito tempo. Em resumo, pouco importa o sexo do parceiro. É verdade que as mulheres que foram agredidas dão frequentemente prova de ter medo dos homens. Mas nem por isso desejam outras mulheres. Mesmo que elas fujam de relacionamentos com homens, nem de perto isso indica a presença de um desejo homossexual, pois as situações de esquiva são possíveis, e até mesmo frequentes, depois de uma agressão. As dificuldades não são poucas, e geralmente é preciso tempo para vencê-las.

Mas também é tranquilizador pensar que uma mulher que gosta de homens não deixa de amá-los, mesmo depois de um drama desse tipo. E que toda vítima, qualquer que seja sua preferência sexual, algum dia encontra novamente uma sexualidade mais feliz. Isso diz respeito à capacidade de resiliência do ser humano, de que fala Boris Cyrulnik (*Os patinhos feios*, 2001); dessa capacidade que as pessoas têm, qualquer que seja a idade, de se recuperar de uma ferida, por mais profunda que ela seja. Como se saem as vítimas "resilientes"? Elas apelam aos recursos impregnados em sua memória, como o amor dos pais, e lutam para não se deixar arrastar ao abismo do trauma, até o momento em que ora uma mão estendida lhes oferece uma relação afetiva, ora uma instituição social ou cultural ajuda-lhes a se recuperar. Se algumas mulheres, dispostas a amar novamente, se voltam para a homossexualidade, esse não é seguramente o caso de todas. Longe disso. A homossexualidade, na maior parte das vezes, não tem nenhum tipo de correlação com a violência sexual. E, para concluir, é preciso lembrarmos da seguinte evidência: não se é homossexual porque se detesta ou teme os homens, mas porque se ama e deseja as mulheres.

"É CULPA DOS PAIS"

Evidentemente eu me perguntei onde é que tinha errado na sua educação, que falhas podia ter cometido.
Catherine, 50 anos, mãe da associação Contact

"Será que é nossa culpa?", os pais se questionam angustiados, quando conhecem a namorada da filha. Por se sentirem desamparados, tentam descobrir as causas de sua homossexualidade, e temem ser os responsáveis, pois em geral consideram a homossexualidade um drama. Assim, o *coming-out*, momento em que gueis e lésbicas exteriorizam pela primeira vez sua preferência sexual, se revela um remédio amargo para a maioria deles. Primeiro, precisam enfrentar um sentimento de culpa. Mas será que a atitude dos pais efetivamente influencia a orientação sexual dos filhos?

Essa parece ser a opinião de um bom número de psicólogos e psicanalistas, que veem a homossexualidade ligada ao desenvolvimento afetivo e sexual, e não a uma causa biológica, genética ou hormonal. Para eles, a homossexualidade é puramente adquirida e se origina na relação triangular entre pais e filho/a. Daí a ideia, por muito tempo aceita no meio médico, de que ela podia ser tratada. É verdade que raros são os que acusam explicitamente os pais de ter gerado esses desejos. E, de fato, é difícil imaginarmos que eles desejassem que seus filhos fossem homossexuais – salvo quando se considera tratar-se de um desejo inconsciente. E é justamente por causa das teorias psicanalíticas que os pais se preocupam: "Eu me culpei enormemente", declara uma mãe da associação Contact, que reúne homossexuais e seus pais. "Eu pensava em tudo que tinha ouvido e lido sobre as teorias psicanalíticas: complexo de Édipo/Electra, mãe castradora etc."

Na linha de frente, Freud e a psicanálise. O que diz o médico vienense? Na época, ele inovou consideravelmente, se opondo à ideia de que a homossexualidade é congênita. "Todos os homens são capazes de escolher um objeto homossexual, e eles fizeram efetivamente essa escolha, em seu inconsciente", explica ele em uma nota nos *Três ensaios sobre a teoria sexual* (1905). Para ele, a bissexualidade é própria da organização psíquica humana. A pessoa se torna homossexual da mesma forma que se torna hétero: por "restrição da escolha do objeto sexual".

Mas essa "restrição" é induzida por atitudes dos pais? Apesar de a vulgata psicanalítica deixar entrever que sim, Freud ressalta que não se deve representar de modo demasiado simplista a gênese da homossexualidade, pois ela acontece em histórias de vida muito diferentes. Mas com um ponto comum a todos/as os/as homossexuais: uma interrupção de seu desenvolvimento psicossexual. Como o indivíduo se "fixa" em um estágio psíquico anterior, ele não sente desejo pelo sexo oposto.

Ao longo de seus escritos, Freud atribuiu várias causas possíveis a essa fixação: desejo narcísico, complexo de Édipo/ Electra mal resolvido etc. E, de fato, é no seio das relações familiares que ele localiza as origens da homossexualidade. No ensaio "Sobre a psicogênese de um caso de homossexualidade feminina" (1920), ele estabelece uma ligação entre a atitude da mãe e a homossexualidade da filha. A mãe realmente tem ciúme da filha, é excessivamente severa com ela e dá preferência a seus três filhos. É por isso que a garota, que não tem nenhuma razão para amá-la, encontra algo mais terno para substituí-la: ela se volta para a homossexualidade assim que conhece uma mulher madura. Mas será que por causa disso podemos acreditar que a culpa é da mãe?

Na verdade, o mau relacionamento que a garota mantém com a mãe não passa de uma parte da análise. Freud descreve um conjunto de circunstâncias que, por seus reflexos inconscientes, orientaram o desejo de sua paciente para as mulheres: quando, por volta dos 15 anos de idade, ela estava em plena fase de recuperação do complexo de Édipo/Electra, ou seja, no momento em que sentia novamente um desejo inconsciente por seu pai, sua mãe ficou grávida. A adolescente compreendeu, indignada, que precisava renunciar ao seu querido papai. E, por raiva, virou as costas ao mesmo tempo para os demais homens.

Lacan, outra importante figura da psicanálise na França, pouco discutiu o tema da homossexualidade feminina. Mas dedicou parte do *Seminário*, elaborado em 1957 e já dedicado à relação do sujeito com seu objeto, ao exame dessa psicogênese de Freud, que ele considerava "um de (seus) textos mais brilhantes" (*Seminário*, IV, 1994). Exceção feita a fim de apontar as responsabilidades de Freud no fracasso da transferência, Lacan ressalta a exatidão de sua análise, que reinterpreta: toda a questão, aqui, é a relação "simbólica" e "imaginária" com o pai. Segundo ele, a "perversão" da garota nasce da intrusão do real (o bebê) na relação simbólica com seu pai (enquanto pai simbólico de uma criança que ela teria dele, como substituto do falo do qual se viu privada). Em resumo, conclui Lacan, nesse "tipo de homossexualidade feminina", "a única mola propulsora de toda sua perversão" é um

·AS LÉSBICAS·

"amor [...] particularmente reforçado pelo pai". Mas em hipótese alguma é uma questão de responsabilidade parental. Lacan explica perfeitamente bem que é preciso distinguir os planos do real, do simbólico e do imaginário. Aqui, se trata da ordem do *simbólico*.

E sobre a ideia de que em alguns casos os pais poderiam desejar inconscientemente a homossexualidade de seu filho ou sua filha? Tanto para Jean-Yves Hayez (*La sexualité des enfants* [A sexualidade das crianças], 2004) quanto para Stéphane Clerget (*Nos enfants aussi ont un sexe* [Nossos filhos também têm um sexo], 2001), psiquiatras infantis contemporâneos, mesmo que o desejo dos pais possa influenciar o desejo do filho ou filha, ele não é determinante. Com efeito, inúmeros fatores estão em jogo na elaboração da orientação sexual, dentro e fora da família.

Aos pais aflitos, que se perguntam o que fazer se sua filhota cortejar as amigas, a resposta é muito simples: nada de especial. Admitindo que seja verdade que essas premissas são as de uma futura homossexualidade, eles não podem fazer nada a esse respeito – como já dizia Freud, se uma orientação sexual é congruente à pessoa, ela será estável: é absolutamente inútil tentar mudá-la, o que só prejudicaria a criança. Até porque a homossexualidade não é um problema em si: bem vivida, ela se revela tão frutífera quanto a heterossexualidade.

Portanto, os pais devem aceitar que não podem decidir pela criança sobre sua orientação sexual, e reconhecer sua suprema liberdade, uma vez que "em seu foro íntimo, a criança é que reconhecerá como dela suas práticas sexuais" (Hayez, 2004). Seu único papel, capital e às vezes delicado? Cuidar para que o filho ou a filha construa para si próprio uma bela relação com o corpo e com o prazer.

Dessa forma, pai e mãe não são de modo algum culpados pela homossexualidade dos filhos. Sua qualidade de pais não é diminuída com isso, até porque o valor dessas teorias psicanalíticas é extremamente questionado, sofrendo duros ataques do feminismo, das ciências cognitivas, das terapias comportamentais e das pesquisas sobre a homossexualidade. Evidentemente, o desejo não é apenas uma questão biológica. Quer essa escolha se volte para o mesmo sexo, quer para o outro, é provável que fatores psíquicos orientem a busca amorosa, inclusive durante a infância. E a influência dos pais em nossa evolução continua evidente. Mas até hoje psicólogos e psicanalistas não conseguiram isolar causas universais e indiscutíveis de nossa orientação sexual. Nem perfis de tipos de mãe, de pai, de relações pais-e-filhos, nem mesmo de configurações familiares que provocariam com certeza a homossexualidade dos filhos. Os sociólogos confirmam isso: a separação dos pais, por exemplo, não é um dado mais frequente nos jovens que têm relacionamentos homossexuais (*L'entrée dans la sexualité* [A entrada na sexualidade], 1997). Afinal, as lésbicas são originárias das mesmas famílias que mulheres heterossexuais – e passam provavelmente pelas mesmas fases psicossexuais que as demais meninas, inclusive pelo complexo de Édipo/Electra.

É verdade que pode parecer razoável pesquisar sobre os motivos que nos direcionam a esse ou aquele parceiro. Mas é um reducionismo considerar a homossexualidade, e só ela, resultado de relações familiares deficientes. A exemplo da heterossexualidade, ela se inscreve, cada vez mais, em relações intrafamiliares absolutamente singulares.

3 Lésbicas e sociedade

"EXISTEM MAIS GUEIS DO QUE LÉSBICAS"

Vemos muitos veados, mas muito menos veadas. *

Juliette Gréco, *Les pingouins* [Os pinguins], 1970

Na sociedade ocidental, os homossexuais, gueis e lésbicas, têm cada vez mais visibilidade, e vão pouco a pouco se integrando à paisagem contemporânea, sempre mais presentes em nosso horizonte midiático. Nesse sentido, suas lutas – individuais e coletivas – deram finalmente frutos. A mídia – rádio, imprensa e televisão – ecoa essa evolução e contribui com ela. Dessa forma, segundo o relatório *Mídia-G*, que analisa como a homossexualidade é tratada na mídia francesa: em 2004, 786 programas televisivos trataram do assunto; contra 570, em 2001. A tendência é só aumentar.

Contudo, essa visibilidade não é "paritária": homossexualidade continua sendo sinônimo de amor entre homens. Alega-se uma razão simples para isso: as lésbicas são menos

* Em francês, pingouins e pingouines. [N. T.]

numerosas do que os gueis. E parece que isso é assim há tempos – ao menos segundo as estatísticas de que se dispõe, e que seguramente têm algumas limitações, pois a avaliação do número de homossexuais é um autêntico vespeiro. A pergunta "quantos são?" se defronta, para começar, com um problema de definição: quem é homossexual e quem não é? Hoje em dia, seria homossexual aquele ou aquela que se assume como tal e concretiza isso em suas escolhas de vida. Mas a realidade está longe de ser assim tão simples. Assumir-se homossexual não é uma atitude unívoca nem universal. E "pessoas que têm práticas sexuais (globalmente) semelhantes podem se identificar de maneira diferente" (Anne e Marine Rambach, *La culture gaie et lesbienne* [A cultura guei e lésbica], 2003).

Contornando essa dificuldade, pesquisas recentes sobre a sexualidade da população francesa (ACSF, 1993, e CSF, 2007) não levam em conta o problema da autodesignação, ou seja, a maneira como os indivíduos definem sua própria orientação sexual (homossexual, bissexual, heterossexual, com todos os graus concebíveis). Assim, elas consideram a homossexualidade em sua definição "mínima": relação sexual entre dois homens ou duas mulheres.

Portanto, foi nesses termos que o relatório ACSF confirmou a ideia preconcebida: em 1993, o número de mulheres que declaravam práticas homossexuais durante a vida era significativamente menor que o dos homens (2,6% das mulheres

·AS LÉSBICAS·

para 4,1% dos homens). Elas também mencionam com menos frequência relações exclusivamente homossexuais – sabendo que a homossexualidade exclusiva é rara nos dois sexos. Números que fazem eco a uma pesquisa norte-americana segundo a qual 3,2% das mulheres e 6,9% dos homens declaram práticas semelhantes (*National Health and Social Life Survey*, 1992). E 25% deles se definem homossexuais. Em decorrência disso, em 1992 duas vezes mais americanos do que americanas alegavam abertamente serem gueis.

Pouco mais de quinze anos depois, será que as coisas mudaram? Os resultados da pesquisa publicada na França em 2007 mostram que sim, pois 4% das mulheres declaravam então ter tido relacionamentos homossexuais ao longo da vida (contra 4,1% dos homens) – ou seja, um aumento considerável.

A homossexualidade teria se espalhado como um rastilho de pólvora entre a população feminina, enquanto os cavalheiros seriam de uma constância exemplar? Será que elas falam com mais facilidade de práticas até então consideradas tabu com os pesquisadores que as entrevistam? Os efeitos da liberação sexual das mulheres estariam apenas começando a se fazer sentir? Com toda certeza, se por isso for entendido que sua liberdade sexual cresce pouco a pouco, e que por muito tempo ela foi menor que a dos homens – e em muitos países ainda é. Ou seja, se na França suas práticas sexuais se aproximam das masculinas (vários parceiros, idade da primeira relação, prática da masturbação etc.), as mulheres sofreram e ainda sofrem uma pressão maior em direção à heterosse-xualidade do que os homens.

Nesse sentido, chama a atenção o fato de que na pesquisa ACSF de 1993 elas eram mais numerosas do que os homens a declarar atração pelo mesmo sexo (6,6% das mulheres contra 4,6% dos homens), mas sem chegar às vias de fato... e também por que as mulheres que declaram relacionamentos homosse-xuais são bissexuais com mais frequência do que os homens. Bissexualidade que mostra bem como a sociedade pressiona as mulheres à heterossexualidade. Outra prova dessa coerção social mais ou menos explícita: as mulheres que tiveram rela-ções lésbicas têm, em geral, um modo de vida mais livre do que as demais. Elas se revelam mais urbanas, com nível esco-lar mais elevado, frequentemente solteiras, ocupando postos de chefia e sem filhos. Têm, portanto, mais espaço para viver sua sexualidade sem entraves.

Ora, essa independência moral, profissional e financeira foi por muito tempo recusada às mulheres. Na França, por exemplo, até 1965 os homens podiam se opor à atividade pro-fissional da esposa; já a recusa do casamento e da maternidade é uma via que só muito recentemente as mulheres passaram a poder escolher.

Logo, na França realmente essa ideia preconcebida pode ter sido reflexo de uma realidade estatística. Mas a evolução das práticas prova que uma defasagem desse porte se dá em função de determinada sociedade. Em lugares onde reina grande assimetria entre a condição dos homens e a das mulheres, podemos apostar que a homossexualidade das mulheres é menos frequente do que a dos homens. E que as lésbicas não formam uma multidão...

Seja como for, seguramente não é em virtude dos números que a ideia preconcebida (no caso, confirmada) perdura. Se muita gente acredita que as lésbicas são menos numerosas do que os gueis, é pura e simplesmente porque... nós as enxergamos pouco!

Em primeiro lugar, a diferença diz respeito a seu modo de vida: os gueis saem mais. A rede de comércio e a vida noturna parecem majoritariamente masculinas. Paris tem um número imenso de bares, clubes e saunas reservados aos gueis, enquanto não contamos mais do que dez bares e clubes lésbicos. A principal explicação dessa desproporção é o fato de que uma parte desses locais se dedica a uma "sexualidade de encontros". Outro motivo é que o poder de compra de um casal de homens é superior ao de um casal de mulheres (a diferença salarial entre homens e mulheres continua sendo de 29%, inclusive nos contratos de trabalho em regime de tempo parcial). Novo aspecto, dessa vez benéfico: se a militância homossexual se fez representar pelos rapazes, é principalmente porque se desenvolveu com base no mote da luta contra a Aids. As lésbicas, menos atingidas pela doença, se envolveram menos na campanha, sendo que um bom número delas já militava na causa feminista.

A imprensa homossexual ilustra com perfeição essa visibilidade desigual. De um lado, a *Lesbia Magazine*, revista mensal exclusivamente lésbica, criada em 1982, associativa e beneficente, tem uma distribuição de 10 mil exemplares e é vendida principalmente por assinatura. De outro, em dez anos a *Têtu* [Teimoso] se transformou no principal veículo de imprensa homossexual. Seu número 100 teve tiragem de 130 mil cxemplares. Supostamente uma "revista de gueis e lésbicas", mas que, na verdade, dedica um espaço extremamente reduzido às mulheres. E quase nunca a capa, já que somente algumas celebridades a estamparam, como Amélie Mauresmo e Mylène Farmer.

Dessa forma, nas estruturas homossexuais, sejam elas associativas ou comerciais, um homossexual pode esconder outro. E essa dinâmica se baseia principalmente nas relações sociais entre os sexos. Apesar de se situar à margem das normas, a homossexualidade não escapa do fato de que, mesmo sendo numericamente superiores, as mulheres continuam minoritárias na maior parte das estruturas políticas, de militância e midiáticas, e são por isso bem menos representadas.

Entretanto, mais de 1,2 milhão de francesas foram algum dia incluídas nessa sexualidade (4% das francesas entre 18 e 69 anos). Não é surpreendente que se fale tão pouco disso? Efetivamente, a homossexualidade feminina continua sendo uma realidade tabu. O relatório *Mídia-G* chama a atenção para o fato de que, se é verdade que 2004 foi um ano

·AS LÉSBICAS·

de "boa safra" para os gueis, presentes nos programas sobre atualidades, de entretenimento e de telerrealidade, "a visibilidade lésbica é praticamente inexistente, à exceção de alguns debates e reportagens sobre a homoparentalidade". O que se constata é que estão praticamente ausentes da mídia (a não ser o pornô chique), da cultura e da história, do modo como é ensinada. Dessa maneira é que a obra da poetisa Safo foi por muito tempo "expurgada" de suas evocações aos amores femininos. É verdade que essa forma de censura também atinge os gueis, mas sua virulência relacionada às mulheres é notável, como mostrou a historiadora Marie-Jo Bonnet em seu estudo do lesbianismo ao longo do tempo (*Les relations amoureuses entre les femmes* [As relações amorosas entre mulheres], 1995).

"'As lésbicas não existem' é uma velha brincadeira que circula no meio", ressaltam ainda Anne e Marine Rambach (2003). Assim, a recusa da sexualidade feminina se expressa em primeiro lugar pelo "apagamento dos relacionamentos amorosos entre as mulheres" (*Relatório da Coordenação Lésbica Nacional sobre a Lesbofobia*, 2000).

Felizmente, nos últimos tempos a homossexualidade feminina saiu das sombras. Ela tem seu espaço em filmes de ampla divulgação e penetração, como *Uma cama para três*, de Josiane Balasko (1995); *Ligadas pelo desejo*, dirigido pelos irmãos Wachowski, criadores de *Matrix* (1996); *Cidade dos sonhos*, de David Lynch (2001); e ainda em programas televisivos, como *The L Word*, série americana dirigida por Ilen

Chaiken em 2005. Em 20 de novembro de 2004, pela primeira vez em dez anos, o Canal+ dedicou sua "noite guei" às mulheres que gostam de mulheres. Alguns romances que tratam de amores lésbicos fizeram grande sucesso de público (*Caresser le velours* [Acariciar o veludo], da inglesa Sarah Waters) e de crítica (*Mes mauvaises pensées* [Meus maus pensamentos], de Nina Bouraoui). Assim, as representações da homossexualidade feminina parecem mais frequentes, menos estigmatizantes e mais próximas da realidade. Elas se mostram com mais liberdade, tanto na rua quanto na tela ou nas ondas curtas.

"A HOMOSSEXUALIDADE FEMININA É MAIS BEM ACEITA DO QUE A MASCULINA"

> *As garotas não sofreram a mesma homofobia que seus homólogos masculinos, que foram rejeitados, desprezados, e mesmo perseguidos.*
> "O efeito Mauresmo", *L'Express*, 24 de junho de 1999

Na maior parte dos países europeus, a homossexualidade é mais bem aceita hoje do que foi antigamente. A França não é exceção. Em junho de 2003, mais da metade dos franceses

·AS LÉSBICAS·

(55%) acreditavam que os homossexuais devem poder se casar, e 79% diziam que eles devem poder se beneficiar dos mesmos direitos que os demais casais (pesquisa Ifop para o jornal *Le Monde*). Mas será que essa tolerância se refere tanto aos gueis quanto às lésbicas? A sociedade não é mais hostil aos amores masculinos, enquanto vê as lésbicas com um olhar de divertida complacência?

De fato, tanto a lei quanto a religião sempre se mostraram muito mais virulentas com os gueis do que com as lésbicas. No Ocidente, a repressão da homossexualidade masculina vem desde a época romana, sob influência do cristianismo. Em 390, o imperador Teodósio I se baseou em textos bíblicos para justificar a condenação dos homossexuais passivos à fogueira.

Realmente, a Bíblia estigmatiza violentamente as relações sexuais entre homens. Assim estabelece o *Levítico*, manual de rituais para os sacerdotes de Israel: "O homem que se deitar com outro homem, como nos deitamos com uma mulher: isso é uma abominação cometida por ambos, eles devem morrer, seu sangue cairá sobre eles" (Lev. 20,13). Aliás, também conhecemos o trágico fim de Sodoma e Gomorra, comunidades dominadas pelo pecado, destruídas por Javé com uma chuva de fogo. Aí também, mais uma vez, nenhum sinal de mulheres, pois as "gomorreanas" são uma invenção do romancista Marcel Proust. Portanto, na época em que os textos foram escritos, a "luxúria" entre mulheres era considerada bem menos condenável do que os "atos contrários à natureza" entre homens. Por quê? Principalmente em razão do contexto sociopolítico: preocupados em garantir uma descendência numerosa, o povo de Israel fez do esperma um elemento sagrado, cujo desperdício merecia castigo.

A homossexualidade feminina só é mencionada no Novo Testamento, praguejada pelo apóstolo Paulo, em sua *Epístola aos romanos* (Rom. 1,26): "É porque Deus os entregou a paixões vergonhosas. Pois as mulheres mudaram a prática que é conforme à natureza em outra, contrária à natureza". Mas essa condenação moral raramente tem alguma consequência efetiva, ao passo que as fogueiras para os "sodomitas" se multiplicavam. Na França, foi preciso esperar o ano de 1783 para que esse tipo de execução fosse extinta. Enquanto ao longo da história poucas mulheres foram punidas, os homens pagaram um pesado tributo.

Aliás, desse ponto de vista, o século XX está longe de ser o mais clemente. Ele se abre com o processo de Oscar Wilde, condenado em 1895 a dois anos de trabalhos forçados por "ultraje ao pudor" e "sodomia". Na Inglaterra, a lei não pune a sodomia com pena de morte desde 1885. Mas para reprimir mais especificamente a homossexualidade, sua aplicação foi estendida a toda forma de sexualidade entre homens. Até a despenalização, em 1967, os homossexuais ingleses se sentiam intimidados, principalmente nos anos 1950, período de furor puritano. Em 1952, Alan Turing, matemático e inventor

· AS LÉSBICAS ·

genial, foi condenado a uma castração química. Ele cometeu suicídio dois anos depois.

Durante a Segunda Guerra Mundial, entre 5 mil e 15 mil homossexuais morreram nos campos de concentração, deportados em virtude do parágrafo 175 do Código Penal alemão, que punia as "obscenidades contrárias à natureza" entre homens. Em 1935, reforçado pelo nazismo, esse parágrafo fez da sexualidade homossexual um "crime contra a raça" e levou à morte milhares de homens, designados por um triângulo rosa.

Na França, o "delito de homossexualidade" foi introduzido no Código Penal pelo marechal Pétain, em 1942. O texto instaurava uma diferença na idade do consentimento sexual entre homossexuais (21 anos) e heterossexuais (13 anos). Com isso, seriam punidas maiores de idade – teoricamente também as mulheres – que mantivessem práticas homossexuais com parceiros menores de 21 anos. Mas a lei se aplicava, sobretudo, aos gueis: até 1981, momento da despenalização, os homossexuais eram fichados, severamente enquadrados e vítimas de legislações discriminatórias – os locatários, por exemplo, eram instados a se comportar como "bons pais de família".

Mesmo hoje em dia, quando a homossexualidade já não é um delito na França, mas continua sendo objeto de certa hostilidade, os homens parecem ser o alvo privilegiado. As denúncias de violência homofóbica recebidas todos os anos pela associação SOS Homofobia provam isso, *a priori*, pois essas denúncias provêm majoritariamente de gueis. Assim, em 2005 eles representavam 79% da correspondência e dos telefonemas.

Isso quer dizer que a situação das lésbicas é agradável? Ou que a sociedade as recebe de braços abertos? Longe disso. Na verdade, elas sofrem uma dupla opressão: como mulheres e como homossexuais. A homofobia que a lésbica enfrenta é específica, porque é duplicada por uma misoginia praticamente inerente ao sistema social. E por isso houve a criação do termo "lesbofobia", nos anos 1990, para designar essa opressão particular. A famosa tolerância com as lésbicas se assemelha a um mito, a menos que ela traia determinadas facetas da lesbofobia – como a condescendência e a negação. Dessa forma, se nenhuma lei reprimia a homossexualidade feminina, é porque se considerava inútil fazer isso.

E com razão... A sociedade exercia um controle tão eficaz sobre as mulheres que era quase impossível que elas vivessem sua homossexualidade. E se as mulheres conquistaram uma independência inédita em alguns países, a maioria dos Estados continua a mantê-las sob tutela: dificilmente elas escapam da autoridade de um pai ou marido, a quem "devem obediência". Esse é o espírito que presidiu a redação do Código Civil francês (1804) e marcou por muito tempo o direito das mulheres dentro da família. Até 1907, o marido dispunha do salário de sua esposa, e antes de 1965 ela era obrigada a lhe pedir autorização para trabalhar. Como não tinham meios de levar uma vida autônoma, evidentemente as mulheres eram

·AS LÉSBICAS·

na maioria das vezes obrigadas a respeitar as regras, ou se adequar a elas. Para cada uma delas, os opressores eram as instâncias privadas, mais do que os poderes públicos: a família mais do que a polícia, o hospital psiquiátrico mais do que a prisão, os costumes mais do que o Código Penal. Muitos médicos foram encarregados de internar as "histéricas", e muitos pais casaram suas filhas à força, sem que esses atos fossem considerados repressores.

A maioria das que recusaram essa condição para viver amores homossexuais pagaram um alto preço, mas raramente por causa de sua sexualidade. A esse respeito, a história está cheia de exemplos subestimados.

Durante a Inquisição, as mulheres que "luxuriavam" entre si eram às vezes condenadas à fogueira. Mas eram castigadas porque se faziam passar por homens, chegando inclusive a se casar com a companheira. A sociedade punia, portanto, uma usurpação dos privilégios masculinos.

Outro caso infeliz: sob o Terceiro Reich, muitas lésbicas foram deportadas. A presença de blocos reservados a elas foi comprovada em alguns campos de concentração, como em Bützow (ex-RDA). No campo de concentração de mulheres de Ravensbrück, elas usavam um triângulo rosa com a sigla "LL" (*Lesbische Liebe*, amor lésbico). Mas geralmente o que as designava era o triângulo preto das "antissociais", mesma qualificação dada aos moradores de rua, aos desempregados e às prostitutas.

A sexualidade lésbica nunca foi reprimida simplesmente porque se considerava que ela não existia. Aliás, como a própria sexualidade feminina. Para que condenar um prazer insignificante, que "não ofende nem a Deus, nem prejudica o casamento (duas mulheres que dormem juntas não [cometem] adultério), nem o regime [...] da filiação que gera a transmissão do patrimônio?" (Marie-Jo Bonnet, 1995). Para as autoridades públicas, o lesbianismo não representa um perigo, pois as mulheres não têm nenhum poder na sociedade e seus casos amorosos não atentam contra a organização social. A negação dos amores femininos se revela um dos modos de ação privilegiado da lesbofobia. Ao ocultar a homossexualidade das mulheres, nega-se às lésbicas o direito de existir, obrigando-as ao silêncio. Por isso, mesmo nos países mais abertos, poucas mulheres ousam registrar queixa em caso de agressão, nem mesmo prestar depoimento em uma linha para denúncias anônimas. A lesbofobia também não é reconhecida: não é citada nem definida pelos principais dicionários. Invisível, mas não por isso menos violenta. Muito pelo contrário, ela não se exprime unicamente por meio de agressões espetaculares. A exemplo do antissemitismo e do sexismo, a lesbofobia surge, no cotidiano, em uma série de palavras e atos *a priori* anódinos. Todos os anos, no mundo inteiro, mulheres apanham, são estupradas e mortas por causa de sua preferência sexual. E outro grande número suporta observações feitas por um pai, sofre insultos de uma vizinha, aguenta as

•AS LÉSBICAS•

brincadeiras de mau gosto de um colega. A lesbofobia, forma de hostilidade comum, ainda é, com demasiada frequência, socialmente aceita.

"AS LÉSBICAS PREFEREM SE ISOLAR"

Felicidade rima com gueto?
Frédéric Martel, *Le rose et le noir*
[*O rosa e o negro*], 2000

Bares, clubes desportivos, associações militantes: algumas lésbicas só frequentam o meio homossexual. Como aqueles gueis caricaturais dos anos 1980, que "tomavam café da manhã escutando o programa *Fréquence Gaie*, [...] se informavam lendo *Gai Pied Hebdo* [semanário guei], jantavam em um restaurante [...] do Marais..." (Frédéric Martel, 2000). A lésbica de hoje assiste à Pink TV, trabalha na boate Pulp, lê a *Têtu* e sai para dançar com seu grupo de amigas. Mas por que elas fazem questão de viver dessa forma?

É verdade que um grande número de lésbicas gosta de estar entre elas mesmas, em locais comunitários. Segundo o *Relatório Guei* de 1984, uma em quatro lésbicas, dentre as que saem juntas, o fazem pelo menos uma vez por semana. E não é de agora que essa tendência se manifesta: na Paris dos anos 1920, as lésbicas iam aos bailes da Montagne Sainte-Geneviève ou ao terraço do Select, ao bar do Ritz, ao Perle ou ao Wagram. Na mesma época, fora da França, Ruth Margarete Roellig publicava *Berlins lesbische Frauen* [As lésbicas de Berlim], espécie de guia de pontos de encontro para mulheres. Apesar de esse fenômeno ter sido mais discreto em determinados períodos, em especial entre 1930 e 1960, nem por isso deixou de acontecer.

Hoje em dia, na maior parte das grandes cidades ocidentais, essa rede de convívio, que é ao mesmo tempo comercial e associativa, constitui um negócio legítimo. Eis o motivo principal de muitas lésbicas optarem pela vida urbana: segundo o Enveff (pesquisa feita em 2000), 22% das mulheres que declaram ter tido relacionamentos homossexuais ao longo da vida moram em cidades de mais de 200 mil habitantes, e 36,5% na região parisiense – o que soma cerca de 60% do total. Elas são 11,3% a morar no meio rural, contra 22,9% das mulheres heterossexuais ("Orientação sexual, violência contra as mulheres e saúde", in Lhomond e Cubizolles, 2003). A oferta comercial destinada a elas se revela bem menos desenvolvida do que o meio associativo, mas nas principais cidades francesas há pelo menos um clube, um restaurante ou um bar lésbico, assim como livrarias, quartos de hotel e agências de encontros voltadas especificamente para elas. E ainda podem

·AS LÉSBICAS·

garimpar na rede associativa LGBT (Lésbicas, Gueis, Bisse-xuais e Transexuais) – que, segundo o anuário *Genres*, tinha 400 grupos em 2006 no domínio da cultura, esporte, militân-cia, vida estudantil e profissional, religião, saúde e organiza-ção de eventos. Para as cinéfilas, a associação Cineffable orga-niza todos os anos, desde 1989, um festival não misto de filmes lésbicos. E os Arquivos Lésbicos, criados em 1983 e também não mistos, reúnem todos os livros, documentos e vídeos rela-cionados com a homossexualidade feminina.

Mas por que as lésbicas sentem necessidade de se agrupar dessa forma, se a homossexualidade já é aceita? Por que essa tendência ao separatismo, que exclui a diferença e, em pri-meiro lugar, os homens?

A comunidade homossexual existe, isso é fato. Sua base principal está na partilha de uma identidade e de interesses comuns, que se conjugam em locais propícios a agrupamen-tos: zonas geográficas particularmente frequentadas por ho-mossexuais – como a Castro Street, em São Francisco, ou o bairro do Marais, em Paris. Mas ela não é, como se costuma dizer, uma célula estanque, subcategoria da população fran-cesa, essencialmente urbana, homogênea, masculina e bran-ca. A comunidade homossexual reúne indivíduos, homens e mulheres, cujas condições sociais, aptidões, origens, crenças religiosas e opiniões políticas são extremamente variadas. O que têm em comum? Considerar a orientação sexual o alicerce de sua identidade pessoal, com as consequências sociais que esse posicionamento implica. A comunidade homossexual consiste sobretudo em um sentimento de solidariedade e de identificação mútua entre seus membros.

De certa forma, um *"lobby"*. Não o de uma rede secreta que manipula políticos, mas sim como conjunto de mobilizações minoritárias que, sem entrar no jogo da representação democrática, chamam a atenção da classe política para problemas de saúde pública, como a Aids, e as discriminações.

"Gueto"? O termo aparece na imprensa com tanta frequência que quase se tornou sinônimo de Marais, pois seus detratores, muitas vezes anticomunitaristas, veem nessa concentração de comércios gueis e lésbicos uma ameaça eventual à unidade da República. Para eles, o Marais constitui um pequeno universo separado: uma sociedade em que os homossexuais vivem entre si. Espécie de ficção, por assim dizer: a zona urbana em questão, formada por algumas ruas, se revela principalmente um local de saídas e encontros. Até prova em contrário, poucos homossexuais moram ali, e ela está aberta a todos.

Mas a noção de "gueto guei" não é propriedade exclusiva daqueles que se incomodam com essa presença. Até os homossexuais a utilizam, constantemente de modo negativo, e às vezes por metonímia: eles designam, então, o estilo de vida daqueles e daquelas que frequentam exclusivamente os meios homossexuais.

·AS LÉSBICAS·

É verdade que de um modo ou de outro a maior parte das lésbicas se sente ligada à comunidade homossexual. Mas nem todas. Ao se definir lésbicas, algumas fazem a ressalva "fora do meio", como se essa característica fosse uma virtude. Por quê? Para elas, os locais lésbicos são um meio fechado em si mesmo, que não se abre para o mundo exterior. Sua clientela seria composta de mulheres homossexuais brancas, de atitudes conformistas. Às vezes, elas afirmam não se sentir bem em um meio artificial, centrado no *clubbing*, na azaração e no *look*. Às vezes, dizem querer sair dessa lógica de se voltar para si mesmas, preferindo se fundir à sociedade. Por fim, elas consideram que a orientação sexual por si só não é suficiente para criar uma ligação entre as pessoas.

Se algumas críticas são pertinentes, outras são bem pouco objetivas, pois para a maioria delas os lugares declaradamente lésbicos são frequentados por heterossexuais e homossexuais. Além disso, a homossexualidade é incontestavelmente um fator de socialização. O que permite acreditar, por vezes, que essas colocações traduzem mais "o medo do outro em si" ("talvez eu seja lésbica, mas não sou como elas"). Elas também são sinal de uma recusa da "identidade lésbica", em parte forjada pela integração das ideias preconcebidas sobre a homossexualidade feminina. Por fim, o separatismo pode causar desconforto, pois aparentemente confirma a ideia de que os/as homossexuais só conseguem ser felizes quando estão entre si, protegidos/as da hostilidade social.

Ora, de fato é na homofobia que a comunidade homossexual encontra sua primeira razão de ser. Primeiro: a rede associativa oferece às lésbicas um acolhimento e serviços que elas não encontram em outro lugar – biblioteca para as pesquisadoras, serviços telefônicos para as vítimas de homofobia, rede de apoio para as soropositivas etc. Segundo: além do fato de permitir encontrar a parceira de uma noite ou de toda uma vida, o famoso "gueto" garante às homossexuais um sopro de liberdade – entre lésbicas, ninguém precisa mentir sobre sua orientação sexual. As mulheres podem ser elas mesmas, sem dissimular sua vida privada. É por isso que o Marais, como qualquer lugar onde a homossexualidade é uma evidência, é um local agradável para a maioria das lésbicas, e elas gostam de frequentar esse bairro de vez em quando.

"ELAS NÃO DEVERIAM TER FILHOS"

Cuidado com as crianças simbolicamente modificadas.
Jean-Pierre Winter, *Le Monde des débats,*
março de 2000

Em dezembro de 2005, 174 deputados franceses de direita assinaram um manifesto em defesa do "direito fundamental da criança de ser acolhida e poder crescer em uma família formada por um pai e uma mãe". Papai, mamãe e eu. Para eles, não há outra possibilidade além dessa tríade. É por isso que eles lutam contra o reconhecimento da homoparentalidade. Nesse domínio a França está incontestavelmente atrasada. Desde o Pacs de 1999, não houve quase nada de novo, enquanto na Europa determinados países já aceitam o casamento – ou seu equivalente – de casais homossexuais: Países Baixos, Bélgica, Espanha e, em 2006, Reino Unido. Na Suécia, nos Países Baixos e na Espanha a adoção plena lhes foi autorizada. Por fim, as lésbicas podem recorrer à inseminação artificial com doador na Bélgica, no Reino Unido, nos Países Baixos e na Espanha. Mas na França as resistências são virulentas. Um punhado de advogados e juízes conseguiu fazer a discussão progredir, uns invocando as leis atuais para proteger as crianças, outros se pronunciando em seu favor – decisões que fizeram jurisprudência. Mas os legisladores ainda não reagiram à altura dessa evolução dos costumes.*

"O interesse superior da criança": eis um dos principais argumentos dos opositores da homoparentalidade. Para eles, os casais de lésbicas e de gueis não oferecem à sua prole as condições de vida necessárias para que se tornem adultos

---

* No Brasil, nem a Constituição Federal nem o Estatuto da Criança e do Adolescente impedem a adoção de crianças por casais homossexuais. A maioria dos casos de adoção se dá de maneira individual, ou seja, apenas um dos membros do casal adota a criança. Porém, algumas poucas decisões recentes permitiram adoções conjuntas.

equilibrados. Por quê? Primeiro: vivendo com um casal homossexual, a criança é privada de pai ou de mãe. Segundo: porque sua família não é como as demais, ela será confrontada com reações de hostilidade.

Atualmente, já não se põe mais tanto em xeque as competências parentais dos homossexuais no que se refere a cuidado e educação. Ao menos, poucas vezes abertamente. Esses pais amam seus filhos e os desejaram – o que ninguém duvida, vistas as dificuldades que enfrentaram para tê-los. Aliás, sob esse aspecto, as lésbicas levam vantagem: por serem mulheres, são consideradas mais maternais do que os gueis. Mas nem por isso elas deixam de privar a criança de um pai, oferecendo-lhe um modelo contrário à natureza: duas mães, o que causa as angustiadas ponderações dos psicanalistas e psicólogos. "Como viver a ausência da função paterna para a criança?", pergunta-se o psiquiatra infantil André Rousset (*Le Journal des Psychologues*, março de 2002).

Primeiramente, o pai biológico não está necessariamente ausente do quadro. Em muitos casos, a criança tem um pai de carne e osso. Com efeito, muitas mulheres se descobrem lésbicas depois de ter formado um casal heterossexual. Outras escolhem a coparentalidade (40%), que envolve um homem e, por vezes, seu ou sua parceira. Dependendo do caso, o pai está mais ou menos presente no dia a dia. Mas ele está ausente quando o casal opta pelo projeto parental a dois. Então, ou elas escolhem a adoção, como é o caso de 15% das mulheres

·AS LÉSBICAS·

da Associação de Pais e Futuros Pais Gueis e Lésbicas (APGL), ou se decidem pela reprodução assistida (40% das mulheres da APGL). Mas essa ausência também não significa um apagamento completo: as mães lésbicas frequentemente falam com a criança sobre o papel do pai em sua vinda ao mundo.

Mas o que acontece quando o pai não está? Se "nenhum pesquisador sério discute a importância das referências para a 'estruturação' e o 'equilíbrio psíquico' da criança, a questão do quem e do como é controversa" (Stéphane Nadaud, in *Homoparentalités, état des lieux* [Homoparentalidade, balanço da situação], 2005). Alguns defendem que só o pai biológico pode preencher a função paterna; e a mãe biológica, a função materna. Para outros, o inconsciente se adapta a uma realidade incomparavelmente mais variada, que ele reestrutura. E o complexo de Édipo/Electra se realiza em outras relações que não as da família clássica, como o interior das famílias lésbicas. Alguns estudos mostraram que a criança identifica as funções parentais nas duas mulheres: uma delas – em geral a mãe biológica – é designada como "maternal", enquanto sua companheira é situada do lado "paterno" (o da autoridade). Isso tranquiliza os que pensam que o simbólico (a função materna) está indissociavelmente ligado ao biológico (dar à luz).

Assim, as funções de pai e mãe, como papéis simbólicos, não se resumem a uma questão de anatomia. Da mesma forma, valores "masculinos" e valores "femininos" (autoridade *versus* suavidade) não se polarizam necessariamente em duas pessoas distintas, um homem e uma mulher. Essas qualidades estão presentes em cada um de nós. Como em um casal heterossexual, as parceiras de um casal lésbico podem encarná-las de modo diverso, alternadamente, conforme sua personalidade, as situações, os períodos da vida etc.

Aliás, de modo muito mais concreto, a maior parte dos casais de mulheres, alertas por causa das conjecturas ameaçadoras, atenuam a ausência paterna. Primeiro: em geral, elas são as primeiras a falar com a criança sobre suas origens – antes dos 5 anos de idade, segundo a psicóloga Anne Brewaeys, entrevistada pela *Têtu* em novembro de 2005 – e a lhe explicar que ela não tem duas mães. Segundo: elas providenciam que um homem adulto, espécie de padrinho, tenha uma relação de proximidade com a criança – esse é o caso de um terço dos casais de lésbicas que optaram pela reprodução assistida (estudo de Brewaeys e Baetens, 2001) –, pois o pai biológico não é o único referencial masculino possível. Fora do lar, a criança poderá escolher um ou mais interlocutores privilegiados: amigos da família, professores, avôs etc. Por fim, a criança tem em torno dela todas as referências sexuais de que precisará para construir sua identidade sexual: a língua, a cultura e a sociedade nos bombardeiam, caracterizando o que são um homem e uma mulher.

Outro problema levantado: as dificuldades que essas crianças encontram em suas relações sociais. Elas não são vítimas de ofensas e brincadeiras no pátio da escola? As crianças interrogadas pela *Têtu* em janeiro de 2005 confirmam esse fato, que tem um significado nada excepcional: a infância, e mais ainda a adolescência, são períodos extremamente normativos, em que queremos, para nos integrar, ser como os demais. Se não levarmos em consideração que a homoparentalidade é desconhecida, as diferenças são, em geral, objeto de zombarias nesse período da vida. Conclusão: como as outras, se for preciso, essas crianças desenvolvem estratégias para se defender e se proteger. Entretanto, será que as crianças que são criadas por um casal de lésbicas vão mal? Não, segundo os 200 estudos sobre o tema, em sua maioria anglo-saxões, holandeses e belgas, levantados pela APGL em 1997. Em todo caso, nem melhor nem pior do que as outras crianças. Apesar da diversidade de abordagens, e dentro dos limites de sua metodologia, todas as avaliações concordam em um ponto: mesmo detectando algumas especificidades nas crianças de famílias lésbicas, não há qualquer diferença notável entre elas e as demais, a não ser o modo como foram concebidas. Ou seja, como demonstrou a psicóloga britânica Susan Golombok, elas têm relações tão boas quanto as outras crianças com sua família e as pessoas que as cercam; identificam-se tão bem quanto as demais, como meninas ou meninos; não se afirmam homossexuais com mais frequência, mesmo que considerem mais facilmente essa opção. Por fim, elas não apresentam mais problemas psicológicos do que as demais (in *Grandir dans une famille lesbienne* [Crescer em uma família lésbica], 2002).

Conclusão: a qualidade da relação parental prima sobre o sexo e a orientação sexual dos pais. E parece preferível que a criança tenha dois pais, em vez de um único, ainda que sejam do mesmo sexo.

A maioria dos pesquisadores acredita atualmente que é inútil continuar a mostrar que as crianças de famílias lésbicas se desenvolvem de maneira satisfatória. Os estudos a esse respeito já são numerosos e eloquentes. E ninguém faz o mesmo tipo de questionamento às famílias clássicas. Por fim, o argumento apresentado contra os homossexuais – "o interesse superior da criança" – mais se assemelha a uma impostura: a invocada igualdade de direitos permitiria, justamente, proteger a prole. Mas por ora não é esse o caso. Se, em um casal de mulheres que desejou e criou uma criança, a mãe biológica morrer, sua companheira não tem qualquer estatuto: a criança é considerada órfã, apesar da ligação estabelecida com a "segunda mãe". Se os avós quiserem retirar a criança dela, podem fazê-lo. Onde fica o interesse da criança? Como se percebe, o argumento é falacioso, pois na verdade a lei raramente se ocupa desse tipo de considerações morais: o divórcio é desejável para uma criança? Provavelmente não; no entanto, ele foi autorizado. É bom para uma criança ter apenas o pai, ou a mãe? Talvez não, e no entanto pessoas solteiras podem adotar uma criança. E a sociedade não voltará a discutir essas conquistas – felizmente.

Atualmente, a França tem dezenas de milhares de crianças criadas por mães lésbicas e suas companheiras (entre 88 mil e 440 mil em 1997, segundo a APGL). Em alguns casos, essas últimas conceberam um projeto parental com a mãe. Estabeleceram um compromisso com a criança no dia a dia, e a amam como se fosse delas. Mas seu estatuto parental não é reconhecido pela lei nem pela sociedade. Em 2006, centenas de lésbicas francesas atravessaram a fronteira para fazer uma inseminação artificial na Bélgica ou nos Países Baixos, enquanto outras omitiram sua orientação sexual para poder adotar uma criança. Tantas discriminações contra os pais de crianças que visivelmente... vão tão bem quanto as demais.

"NÃO SE É FELIZ QUANDO SE É LÉSBICA"

> *Uma necessidade opressora se impunha a ela:*
> *a necessidade de livrar seu espírito de inúmeros*
> *problemas relativos à inversão.*
> *O poço da solidão*, Marguerite Radclyffe-Hall, 1928

"Será que minha filha é feliz?", pensam tantos pais quando descobrem a homossexualidade da filha. Depois da fase da culpa, e por vezes de uma recusa brutal, vem a fase do temor que a homossexualidade seja um obstáculo à sua felicidade. As lésbicas são obrigadas a renunciar a um futuro radiante?

Na virada do século XX, a imagem da homossexualidade mudou, influenciada pelas teorias médicas: os homens e as mulheres que tinham relacionamentos homossexuais passaram a ser "homossexuais". Trocaram então o estatuto de culpados pelo de vítimas. As lésbicas e os gueis, anomalias da natureza, perversos ou doentes, estavam destinados à infelicidade. Para lutar pela despenalização da homossexualidade, em especial na Alemanha e na Inglaterra, inúmeros homossexuais aderiram a essa teoria. Essa era justamente a tese de Radclyffe-Hall, autora de *O poço da solidão* (1928), que marcaria várias gerações de lésbicas. No livro, Stephen Gordon, a protagonista "invertida", vive uma feliz relação amorosa com Mary, mas sofre por não ser normal e não poder oferecer à amante um lar respeitável. Dessa forma, acabará abandonando Mary, para que essa possa ter um destino melhor. O destino reservado pela autora aos/às homossexuais? Solidão e exclusão, a não ser que se ativessem aos/às "apátridas do sexo". A mensagem era clara. Mas nela emergia também uma visão mais moderna: a responsabilidade da sociedade que persegue os homossexuais.

Por sua vez, os psiquiatras e psicanalistas tampouco ofereciam esperança às lésbicas, pois privilegiavam a tese de uma construção neurótica da personalidade: imaturas, as lésbicas seriam incapazes de se adaptar socialmente. O psiquiatra americano Frank Caprio, em seu estudo sobre a homossexualidade feminina (1959), descrevia as lésbicas da seguinte forma: angustiadas, violentas e ultraciumentas – em resumo, psicologicamente perturbadas. Conclusão: ele não hesitou em falar de "ausência de felicidade, típica de todas as lésbicas".

Até recentemente, essa imagem também predominava no cinema e na literatura. Os autores se compraziam em mergulhar as lésbicas em um universo mórbido – tanto por gosto como para fazer o jogo da censura. Porque as autoridades públicas temiam que o lesbianismo se espalhasse, proibiram descrições positivas: atenção ao proselitismo! Na Inglaterra, principalmente, onde o livro O *poço da solidão* foi proibido, uma única abordagem era autorizada: as lésbicas deviam ser desprezadas e punidas. Os roteiros tinham em geral uma "autêntica" lésbica – morena, masculina – e uma "falsa", heterossexual que cedia à tentação – loura, feminina. Em seguida, duas configurações prevaleciam: a lésbica "autêntica" seduzia a loura, arrancava-a dos braços do marido e depois a abandonava; ou então ela se apaixonava por uma mulher que desprezava seus sentimentos. E tudo terminava em dor e sofrimento, redenção ou morte, como em Senhoritas de uniforme, filme alemão de 1931 cujas legendas foram escritas por Colette.

Na falta de modelos mais divertidos, frequentemente as lésbicas integravam essa visão sobre a própria existência, atribuindo a uma tara pessoal as dificuldades provocadas pela hostilidade social.

Em parte, foi esse fenômeno que os militantes homossexuais combateram nos anos 1970, principalmente o grupo de gueis e lésbicas que interrompeu o programa de Ménie Grégoire, "A homossexualidade, esse doloroso problema". Seus convidados – um padre, um psiquiatra, um juiz, André Baudry, criador da revista *Arcadie* e... os Irmãos Jacques – estavam discutindo o assunto nos estúdios da RTL. O padre Guinchat discorria sobre sua experiência – ele acolhia "muitos homossexuais [...] que vinham falar de seus sofrimentos..." – quando um grupo irrompeu, bradando: "Não é verdade, nós não sofremos!" Os futuros fundadores do FHAR incentivaram os/as homossexuais a vencer a vergonha e a se mostrar como são, para que ninguém mais falasse e decidisse em nome deles. Essa também foi a mensagem do escritor Jean-Louis Bory, convidado em 21 de janeiro de 1975 do programa "Dossiês da telinha", que interpelou os telespectadores homossexuais. "O drama são as condições que a sociedade estabelece em nome da felicidade dos homossexuais. [...] Mas eu afirmo que o amor e a vida comum são possíveis para os homossexuais. Simplesmente, o que os cerca faz que sua felicidade seja mais heroica, mais difícil." Na época, evidentemente, ainda era inconcebível que os casais gueis e lésbicos pudessem se casar e fundar uma família...

·AS LÉSBICAS·

Ora, após mais de trinta anos, esse já não é mais o caso. Ao menos na França. Primeiro: a situação dos/das homossexuais melhorou enormemente; os progressos jurídicos acompanharam uma (r)evolução das mentalidades. Segundo: os/as homossexuais assumem melhor seu direito à felicidade e exprimem com mais facilidade seu desejo de ter filhos, principalmente as lésbicas.

Desde 1981, as relações homossexuais não são mais penalizadas, e exceção feita à filiação e ao acesso à procriação, as leis foram expurgadas de toda e qualquer discriminação relativa aos/às homossexuais. O Pacs (Pacto Civil de Solidariedade) foi votado em 15 de novembro de 1999. Por contrato, homologou o reconhecimento do casal homossexual e estabeleceu direitos e deveres para os dois parceiros: divisão de bens, imposto comum, direito à transferência de contrato, filiação à seguridade social etc. Mas não se pronunciou sobre a questão dos filhos: na França, duas lésbicas ainda não podem adotar juntas nem compartilhar a autoridade parental. Também não têm acesso às técnicas de reprodução assistida, reservadas aos casais formados por um homem e uma mulher "casados, ou que possam provar uma vida comum de no mínimo dois anos" (Lei de Bioética, de 29 de julho de 1994). Mas nos últimos anos vários casais de lésbicas conseguiram o reconhecimento do direito à adoção simples para a companheira da mãe, do compartilhamento do exercício da autoridade parental ou de ambos. E as famílias homoparentais são cada vez mais visíveis e aceitas.

Quando as condições sociais assim o permitem, homossexualidade e felicidade combinam perfeitamente bem. É verdade que o olhar social ainda provoca, nos jovens homossexuais – nos garotos mais do que nas garotas –, sentimentos de vergonha, de solidão e de ódio de si mesmos. Para alguns/algumas, essas emoções são tão violentas que levam ao suicídio. Assim, enquanto o suicídio é a segunda causa de mortalidade na faixa dos 15 aos 24 anos e a primeira dos 25 aos 34, as garotas lésbicas ou bissexuais apresentam um risco de tentativa de suicídio 40% superior ao de outras meninas. Quanto aos jovens gueis ou bissexuais, eles correm de 4 a 7 vezes mais riscos de tentativas de suicídio que os demais (*Homosexualités et suicide* [Homossexualidade e suicídio], Éric Verdier e Jean-Marie Firdion, 2002). O que não significa que a homossexualidade seja a causa direta do suicídio, mas sim que a hostilidade expressa pela família, pelos amigos e pelos pares pode transformar uma adolescência que por si só já é difícil em algo insuportável.

Todavia, quando é plenamente vivida, a homossexualidade é fonte inegável de felicidade. Depois de tentativas às vezes numerosas e infrutíferas com homens, descobrir sua homossexualidade, sentir um desejo intenso e ter prazer, apaixonar-se pela primeira vez: eis o que as lésbicas podem conhecer quando rasgam o véu da ignorância que obscurece seus relacionamentos. Compreender quem somos realmente e por que não éramos plenamente felizes antes, ter a coragem de dizer isso, de fazer as escolhas necessárias, saber que estamos no caminho certo: eis a recompensa daquelas e daqueles que têm a firmeza de viver de acordo com seus desejos. Estar entre iguais, compartilhar essa alegria de estar do mesmo lado: é isso que atesta o júbilo de manifestações como a Parada Gay. Ser feliz a duas, celebrar seu amor por meio de um pacto, festejar o aniversário do bebê em família: esse é o cotidiano de muitas lésbicas hoje em dia. É verdade que nem tudo são rosas. Ser lésbica não é forçosamente idílico, longe disso. Mas finalmente podemos dizer que "sim, um bom número de lésbicas são tão felizes quanto é possível ser neste mundo".

Conclusão

AS IDEIAS DISSEMINADAS sobre as lésbicas são amplamente conhecidas de todos e todas nós. Não foi nem um pouco difícil reuni-las. Tropeçamos nelas todos os dias, seja no meio de uma piada inocente ou de um filme popular. O que prova a que ponto essas ideias ainda estão enraizadas em nossa mentalidade. Assim, a maior parte das pessoas tem uma imagem convencional e totalmente fantasiosa das lésbicas. E essa imagem difunde um retrato de duas faces, como uma moeda: lado cara, a fanchona vulgar; lado coroa, a mulher fatal diabólica. Lado cara, as lésbicas autênticas; lado coroa, as atrizes permissivas dos filmes eróticos. Isso quando não se pretende atribuir todo tipo de causa possível à homossexualidade.

É como se as lésbicas nascessem necessariamente diferentes das outras mulheres, dotadas de anatomia, gene e hormônios específicos, coisa que até agora a ciência não conseguiu provar. É como se elas tivessem uma identidade própria. É como se todas vivenciassem as mesmas histórias e os mesmos traumas. É como se existisse... uma essência de lésbica. O fato de que desse ponto de vista a realidade mostra uma diversidade infinita não altera em nada o quadro. Pelo menos ainda não. Nem o fato de a própria homossexualidade poder assumir formas múltiplas – simples aventura amorosa ou escolha para toda a vida. Diríamos que a sociedade se recusa a considerá-la simples preferência sexual, de estatuto idêntico ao da heterossexualidade. E tem ainda mais dificuldade de admitir que as mulheres possam ter uma sexualidade, *a fortiori*, livre e autônoma. O desejo por uma pessoa do mesmo sexo é tão extravagante assim? Ele é tão inconcebível a ponto de precisarmos encontrar razões para tanto, ao passo que o desejo de uma mulher por um homem não exige qualquer explicação?

Afinal de contas, as lésbicas são mulheres como as outras...

É verdade que muitas delas talvez sejam "masculinas". Mas elas o são por escolha, por gosto – mas não por essência. Sim, existe uma "identidade lésbica", mas é uma aposta quase ganha que ela não emana da natureza. No Ocidente, ela foi elaborada ao longo dos séculos: forjada por preconceitos, foi retomada e alterada pelas lésbicas, que hoje a desconstroem. Sim, algumas mulheres a reivindicam. Elas exprimem da forma mais livre possível a maneira como vivem sua homossexualidade. E, a seu modo, cada uma delas externa o sentimento de pertencer a uma comunidade: elas se reconhecem em uma minoria que, sem nenhuma relação de dependência, compartilha uma história, lugares, modos de vida, atitudes e determinada situação na sociedade.

Referências bibliográficas (para saber mais)

SÃO POUCOS OS LIVROS dedicados às lésbicas. E os que tratam da homossexualidade na maioria das vezes só falam de homens. Outros abordam a homossexualidade em geral, como se a situação dos gueis e das lésbicas na sociedade fosse a mesma. Mas ela não é. Trata-se, portanto, de ouvir as lésbicas e de mostrar sua cultura, desconhecida por ser um tabu. É por isso que essa lista privilegia as obras escritas por mulheres que falam de lésbicas ou que, quando tratam dos gueis, dedicam um lugar importante às mulheres.

As obras que tratam da **homossexualidade de modo geral** raramente escapam à regra dos 80% guei e 20% lésbica... Nesse sentido, *Le dictionnaire des cultures gaies et lesbiennes* (Larousse, 2003), organizado por Didier Eribon, é pioneiro. Artigos sobre o cinema lésbico, inclusive o pornográfico, sobre a história da militância ou sobre as *drag kings*: temas que raramente são abordados em obras voltadas para o grande público. Também encontramos alguns artigos sobre as mulheres ("Lesbophobie", "Radclyffe-Hall", "Violette Leduc"), no *Dictionnarie de l'homophobie* (PUF, 2003), organizado por Louis--Georges Tin. *La culture gaie et lesbienne* (Fayard, 2003), de

Anne e Marine Rambach, oferece uma boa panorâmica da problemática e do modo de vida lésbicos: invisibilidade, lesbofobia, relações sociais de gênero, isolamento, rede associativa etc. Assim como a obra de Marina Castañeda, *Comprendre l'homosexualité* (Robert Laffont, 1999), que trata em especial do casal lésbico, o que é excepcional. Todavia, ela tende a naturalizar a psicologia feminina e a identidade lésbica. Por fim, o breve livro de Bruno Perreau (*Homosexualité: dix clés pour comprendre, vingt textes à découvrir*, Librio, 2005) oferece uma abordagem relativamente mista de diferentes temáticas: identidade, saúde, família, direitos etc.

A **história das lésbicas** é retratada em algumas obras de referência, especialmente a de Marie-Jo Bonnet, *Les relations amoureuses entre les femmes, XVIe-XXe siècle* (Odile Jacob, 1995). Os períodos da *belle époque* e o de entreguerras suscitaram vários estudos. O livro de Florence Tamagne é dedicado à *Histoire de l'homosexualité en Europe: Berlin, Londres, Paris, 1919-1939* (Seuil, 2000). Christine Bard explora as várias facetas da "rapazinha" em *Les garçonnes: modes et fantasmes des années folles* (Flammarion, 1998). *Saphisme et décadence dans Paris fin-de-siècle*, de Nicole G. Albert (La Martinière, 2005) analisa as representações das lésbicas feitas pela literatura *fin-de-siècle*. A história da arte não fica atrás, com *Mauvais genre: une histoire des représentations de l'homosexualité*, de Florence Tamagne (La Martinière, 2001) e *Les deux amies: essai sur le couple de femmes dans l'art*, de

· AS LÉSBICAS ·

Marie-Jo Bonnet (Blanche, 2000). A história das lésbicas a partir dos anos 1960 é menos abordada. Encontramos referências interessantes nos livros de Frédéric Martel, *Le rose et le noir* (Le Seuil, 2000) e *La Longue marche des gays* (Gallimard, 2002), que detalham a história da homossexualidade na França (privilegiadamente a masculina) desde 1968.

Mas é sobretudo nas obras sobre a **história do feminismo** que os movimentos lésbicos contemporâneos são mencionados. Em *Le siècle des féminismes* (Éditions de l'Atelier, 2004), Christine Bard fala do "Lesbianismo como construção política". A obra coletiva organizada por Natacha Chetcuti e Claire Michard analisa as relações entre *Lesbianisme et féminisme* (L'Harmattan, 2003). Por sua vez, Anne Tristan oferece um testemunho interessante sobre a homossexualidade no movimento de mulheres (com Annie de Pisan, *Histoires du MLF*, Calmann-Lévy, 1977). Para uma visão mais geral, podemos consultar o *Dictionnaire critique du féminisme* (organizado por Helena Hirata, Françoise Laborie, Hélène Le Doaré e Danièle Sénotier, PUF, 2004). Por fim, os textos fundadores do lesbianismo político estão publicados na revista *Questions féministes* (n. 7 e 8, 1980). E os escritos de Monique Wittig foram reunidos em *La Pensée straight* (Balland, 2001).

Para analisar as ideias preconcebidas sobre as lésbicas, é interessante aliá-las ao lugar das mulheres na sociedade. Do ponto de vista histórico, em primeiro lugar, contamos com a obra de Christine Bard, *Les femmes dans la société française au XXe siècle*

(Armand Colin, 2001). Encontramos um bom resumo das desigualdades atuais entre homens e mulheres na obra de Michèle Ferrand, *Féminin, masculin* (La Découverte, 2004).

A compilação *Attirances, Lesbiennes fems, lesbiennes butchs*, organizada por Christine Lemoine e Ingrid Renard (Éditions Gaies et Lesbiennes, 2001), oferece um panorama bastante completo sobre a **questão da identidade lésbica** e de suas relações com os gêneros. Em *Queer Zones 1 et 2* (Balland, 2001 e 2005), Marie-Hélène Bourcier desconstrói em especial a noção de masculinidade, assim como Judith Butler, em *Problemas de gênero* (Civilização Brasileira, 2003).

Para abordar o **ponto de vista da psicanálise**, podemos recorrer a Freud ("Sobre a psicogênese de um caso de homossexualidade feminina", in *Neurose, psicose e perversão* e *Três ensaios sobre a teoria sexual*, ambos em Obras completas, Imago Editora, 1996). A obra do doutor Frank Caprio, *L'Homosexualité de la femme* (Payot, 1959), única no gênero, trata de um certo número de preconceitos interessantes. Também é preciso citar o *Seminário*, tomo IV, de Lacan (Jorge Zahar Editor, 1995). Para um ponto de vista mais contemporâneo, ler *Le Sexe prescrit: la différence sexuelle en question*, de Sabine Prokhoris (Flammarion, 2002).

Sobre a questão da **homoparentalidade**, várias obras foram publicadas recentemente. Lembramos algumas delas: *L'Homoparentalité*, de Martine Gross (PUF, 2003); *Homosexualité, mariage et filiation* (Martine Gross, Stéphane Guillemarre,

Ernest Guy, Lilian Mathieu, Caroline Mécary e Stéphane Nadaud, Syllepse e Fondation Copernic, 2005); e *Homoparentalités, état des lieux* (organizado por Martine Gross, Érès, 2005). Sobre a parentalidade lésbica, a obra de Fiona L. Tasker e Susan Golombok, *Grandir dans une famille lesbienne: quels effets sur le développement de l'enfant?* (ESF, 2002) oferece respostas ao problema da felicidade da criança.

As **questões jurídicas** em torno da homossexualidade são discutidas por Janine Mossuz-Lavau, que analisa a evolução das leis francesas desde os anos 1950, em *Les lois de l'amour* (Payot, 2001). Já Caroline Mécary e Géraud de La Pradelle fazem um levantamento da situação dos homossexuais em *Les droits des homosexuels* (PUF, 2003). *L'inversion de la question homosexuelle*, de Éric Fassin (Éditions Amsterdam, 2005), estuda os argumentos dos debates em torno do Pacs, do reconhecimento da homoparentalidade e do casamento homossexual.

O problema da **homofobia** é abordado por Daniel Borillo, de um ponto de vista mais geral, em *L'Homophobie* (PUF, 2000). Em *La peur de l'autre en soi* (organizado por Daniel Welzer-Lang, VLB Éditeur, 1994), encontramos um artigo de Françoise Guillemaut sobre a lesbofobia. Aliás, podemos fazer referência ao *Dossier sur la lesbophobie en France*, publicado online pela Coordenação Lésbica Nacional (www.coordinationlesbienne.org). A associação SOS Homofobia dedica todos os anos um capítulo de seu *Relatório sobre* *a Homofobia* às lésbicas. Em 2008, publicou a maior pesquisa sobre a lesbofobia feita na França. Seus resultados podem ser consultados online, também em inglês, no site: http://www.sos-homophobie.org/.

Finalmente, no que diz respeito a **pesquisas estatísticas** – pouco numerosas sobre a homossexualidade –, podemos recorrer ao *Rapport gai, enquête sur les modes de vie homosexuels* (Jean Cavailhes, Pierre Dutey, Gérard Bach-Ignasse, Éditions Persona, 1984), não representativo e um pouco ultrapassado, mas o único que trata dos modos de vida homossexuais na França.

Les comportements sexuels des Français en France (A. Spira, N. Bajos e o grupo ACSF, La Documentation française, 1993) e *L'Entrée dans la sexualité* (organizado por Hughes Lagrange e Brigitte Lhomond, La Découverte, 1997), além de *L'Enquête sur la sexualité en France: pratiques, genre et santé* (organizado por N. Bajos e M. Bozon, La Découverte, 2008) oferecem, por fim, excelentes dados estatísticos sobre a sexualidade dos franceses e francesas.

leia também

ENTRE MULHERES
DEPOIMENTOS HOMOAFETIVOS
Edith Modesto

Este livro traz depoimentos de mulheres lésbicas e bissexuais de várias idades, profissões e classes sociais. Os temas são variados: relações familiares, juventude, religião, trabalho e preconceito. Trata-se do relato vivo da experiência de cada uma dessas mulheres, que deixaram todo o conforto emocional do mundo convencional para viver a dura vida de homossexual em um país tipicamente machista.
REF. 30052   ISBN 978-85-86755-52-1

FAZ DUAS SEMANAS QUE MEU AMOR
E OUTROS CONTOS PARA MULHERES
Ana Paula El-Jaick

Prosa direta, redonda, envolvente, permeada de inteligência e bom humor. Assim se define este livro de Ana Paula El-Jaick. Em contos curtos e irreverentes, a autora fala do cotidiano de mulheres que amam, desiludem-se, enfrentam preconceito, descobrem-se, camuflam-se, divertem-se, transmutam-se. Leitura cativante.
REF. 30046   ISBN 978-85-86755-46-0

NO PRESENTE
Márcio El-Jaick

Neste livro comovente e libertador, André, pré-adolescente com inteligência aguda, inocência e muita sensibilidade, enfrenta o maior desafio de sua vida: aceitar e entender a própria sexualidade. Assombrado pelos fantasmas comuns nessa idade – a vontade de pertencer a um grupo, o medo da rejeição, a "luta" contra os hormônios em ebulição –, o menino faz descobertas dramáticas e também compensadoras. Ideal também para pais e educadores.
REF. 30051   ISBN 978-85-86755-51-4

TERAPIA AFIRMATIVA
UMA INTRODUÇÃO À PSICOLOGIA E À PSICOTERAPIA DIRIGIDA A GAYS, LÉSBICAS E BISSEXUAIS
Klecius Borges

Para a psicologia afirmativa – base teórica do trabalho do autor –, a homofobia, e não a homossexualidade, é a principal responsável pelos conflitos vivenciados por homossexuais. Por isso, os psicoterapeutas que adotam a abordagem afirmativa oferecem a seus pacientes absoluto respeito por sua sexualidade, cultura e estilo de vida. Para gays, psicólogos e todos os que querem se instrumentalizar para combater o preconceito.
REF. 30055   ISBN 978-85-86755-55-2

IMPRESSO NA

sumago gráfica editorial ltda
rua itauna, 789 vila maria
02111-031 são paulo sp
telefax 11 **2955 5636**
sumago@terra.com.br

― ― ― ― ― ― ― ― ― ― ― ― ― ― dobre aqui ― ― ― ― ― ― ― ― ― ― ― ―

Carta-resposta
9912200760/DR/SPM
Summus Editorial Ltda.
CORREIOS

CARTA-RESPOSTA
NÃO É NECESSÁRIO SELAR

O SELO SERÁ PAGO POR

AC AVENIDA DUQUE DE CAXIAS
01214-999 São Paulo/SP

― ― ― ― ― ― ― ― ― ― ― ― ― ― dobre aqui ― ― ― ― ― ― ― ― ― ― ― ―

edições
GLS

CADASTRO PARA MALA-DIRETA

Recorte ou reproduza esta ficha de cadastro, envie-a completamente preenchida por correio ou fax,
e receba informações atualizadas sobre nossos livros.

Nome: _____ Empresa: _____

Endereço: ☐ Res. ☐ Coml. _____ Bairro: _____

CEP: _____-_____ Cidade: _____ Estado: _____ Tel.: (____) _____

Fax: (____) _____ E-mail: _____ Data de nascimento: _____

Profissão: _____ Professor? ☐ Sim ☐ Não Disciplina: _____

1. Você compra livros por meio de:

☐ Livrarias ☐ Feiras
☐ Telefone ☐ Correios
☐ Internet ☐ Outros. Especificar: _____

2. Onde você comprou este livro?

_____

3. Você busca informações para adquirir livros por meio de:

☐ Jornais ☐ Amigos
☐ Revistas ☐ Internet
☐ Professores ☐ Outros. Especificar: _____

4. Áreas de interesse:

☐ Astrologia
☐ Atualidades, Política, Direitos Humanos
☐ Auto-ajuda
☐ Biografia, Depoimentos, Vivências
☐ Comportamento
☐ Educação
☐ Literatura, Ficção, Ensaios
☐ Literatura erótica
☐ Psicologia
☐ Religião, Espiritualidade
Filosofia
☐ Saúde

5. Nestas áreas, alguma sugestão para novos títulos?

_____

6. Gostaria de receber o catálogo da editora? ☐ Sim ☐ Não

cole aqui

Indique um amigo que gostaria de receber a nossa mala-direta:

Nome: _____ Empresa: _____

Endereço: ☐ Res. ☐ Coml. _____ Bairro: _____

CEP: _____-_____ Cidade: _____ Estado: _____ Tel.: (____) _____

Fax: (____) _____ E-mail: _____ Data de nascimento: _____

Profissão: _____ Professor? ☐ Sim ☐ Não Disciplina: _____

Edições GLS
Rua Itapicuru, 613 7º andar 05006-000 São Paulo - SP Brasil Tel.: (11) 3872-3322 Fax: (11) 3872-7476
Internet: http://www.summus.com.br   e-mail: summus@summus.com.br